O PODER DO MARKETING PESSOAL

Edmundo Vieira Cortez

O PODER DO MARKETING PESSOAL

O segredo das pessoas bem-sucedidas

[Edição econômica]

EDITORA
ALAÚDE

O texto deste livro foi fixado conforme o acordo ortográfico vigente no Brasil desde 1º de janeiro de 2009.

PRODUÇÃO EDITORIAL:
Editora Alaúde

REVISÃO:
Mariana Zanini

CAPA:
Agência Punto

ILUSTRAÇÕES:
Eduardo Borges

1ª edição, 2004 (2 reimpressões) / 2ª edição 2012 (1 reimpressão) / 3ª edição 2022

Dados Internacionais de Catalogação na Publicação (CIP)
(Câmara Brasileira do Livro, SP , Brasil)

Cortez, Edmundo Vieira

O poder do marketing pessoal : o segredo das pessoas bem-sucedidas / Edmundo Vieira Cortez. -- 3ª ed. -- São Paulo : Alaúde Editorial, 2022.

Bibliografia.
ISBN 978-65-86049-79-4

1. Autoaceitação 2. Autoestima 3. Felicidade 4. Marketing 5. Relações interpessoais 6. Sucesso I. Título.

12-00111 CDD-158.1

Índices para catálogo sistemático:
1. Marketing pessoal : Psicologia aplicada 158.1

2022
Alaúde Editorial Ltda.
Avenida Paulista, 1337
Conjunto 11, Bela Vista
São Paulo, SP, 01311-200
Tel.: (11) 3146-9700
www.alaude.com.br
blog.alaude.com.br

Compartilhe a sua opinião
sobre este livro usando a hashtag
#OPoderDoMarketingPessoal
nas nossas redes sociais:

/EditoraAlaude
/AlaudeEditora

Notas do autor

Este livro não tem como objetivo ser uma peça literária, tampouco passar ensinamentos dogmáticos. Seu único objetivo é criar momentos de reflexão.

Entendo que a falta de reflexão leva as pessoas a procurar momentos de felicidade, enquanto o certo é criar um estado interior de felicidade. A mulher une-se ao homem com o objetivo de fazê-lo feliz; o homem, por sua vez, une-se à mulher com o objetivo de fazê-la feliz. Depois, ambos unem-se para fazer os filhos felizes. Estes crescem, casam, mudam-se, e os pais, muitas vezes, ficam sozinhos, curtindo saudades. A partir daí, colocam seus momentos de felicidade na curtição dos netos que, ao chegarem à juventude, criam outros valores e, poucas vezes, lembram-se dos avós. Uma vida toda correndo atrás da felicidade que, à semelhança da sombra, nunca é alcançada. Cada um, desde pequeno, precisa encontrar um caminho próprio para ser feliz. Quem busca a felicidade percorrendo caminho alheio nunca a encontrará.

Tendo sido escrito com objetivo de estimular a reflexão, a linguagem utilizada é a mais simples possível, acessível a todo e qualquer leitor. Optei pela forma de diálogo em todo o livro para dar a ideia de um curso, em que os participantes têm liberdade de fazer todo tipo de pergunta.

Um dos motivos que me levou à edição deste livro é a cobrança de meus ex-alunos, a quem havia dito que o estava escrevendo. Tenho recebido inúmeros e-mails de ex-alunos agradecendo os momentos de reflexão que os fizeram mudar de vida para melhor, como os que seguem:

"Professor, quero mais uma vez parabenizá-lo pelo curso. Foi ótimo. Aprendi a me relacionar melhor com minha esposa e com minha filha mais velha. Com o filho mais novo nunca tive problemas de relacionamento. Hoje, sei por quê – sou bastante sinestésico e meu filho é igual. Minha esposa é bastante auditiva. Minha filha mais velha é bem visual. Hoje, eu e minha filha estamos nos dando muito bem. Mais uma vez, muito obrigado." *Genésio Freitas*

"Ps. E o livro, quando vai sair?"

"Professor, lembra-se de mim? Quebrei todos os meus paradigmas. Estou escrevendo da Áustria. Aquela menina que estava procurando emprego desanimada, achando que nada daria certo? Pois é, resolvi fazer as malas e vim para a Áustria, com a cara e a coragem. Não foi fácil, mas hoje estou trabalhando no meu ramo, numa das maiores empresas do mundo, ganhando três vezes mais do que poderia ganhar aí. Arrumei até um namorado que é gente fina. O curso me valeu muito, pois aprendi que tudo é possível quando se acredita. E o livro, vai sair?"
Úrsula Ayumi Yamamoto

"Cortez, gostaria que soubesse que estou colocando em prática tudo que foi ensinado. Em casa está uma beleza. Na empresa, minha equipe está muito mais unida e produtiva. Agora sei como agir com cada pessoa, respeitando os acertos de cada um e valorizando as aptidões individuais. Cortez, e o livro?"
Fábio Rodrigues Pereira

Sumário

Prefácio

Ler este livro é fácil e, sobretudo, proveitoso. Num linguajar simples, o autor, como verdadeiro mestre ensinando o discípulo, mostra, com palavras e com exemplos, que somos criaturas perfeitas e capacitadas a realizar nossos mais sublimes objetivos.

A linguagem coloquial dá vida ao texto e deixa a impressão de que estamos vivenciando uma cena com o mestre, onde fica claro que somos perfeitos e, como tal, devemos nos tornar conhecidos, a fim de poder manifestar aquilo que realmente somos em essência, ou seja: reflexo do Criador. Não existimos por acaso. A Inteligência Divina nos criou para manifestar-se através de nossas atitudes e nossos exemplos, daí o sentido deste livro, que é despertar as pessoas para a necessidade de fazer seu marketing pessoal. Apenas uma pessoa feliz e realizada pode refletir sua Essência Divina, e para que isso seja possível, Cortez ressalta que o Criador muniu os seres humanos de inteligência, vontade, livre-arbítrio e pensamento.

Inteligência para descobrir o próprio caminho de ser feliz. Vontade para perseverar sempre, custe o que custar. Livre-arbítrio para que somente ele seja responsável pelas consequências de seus atos. Pensamento para que, a seu critério, abra e feche a mente para toda e qualquer mudança ou para a criatividade, para o bem ou para o mal.

Recomendo a leitura deste livro porque a sensação que se tem ao lê-lo é que é bom ter, ainda, muitos anos de vida para poder vivê-los melhor.

José Maria Nogueira (Jomano)

Agradecimentos

Agradecimentos sinceros àquelas pessoas que me apoiaram na escrita deste livro; em especial, minha esposa, Maria Almeida, e minhas filhas, Párvati e Samanta.

Ao meu amigo Marinho de Jesus, meus mais sinceros agradecimentos pelas críticas construtivas.

Aos meus ex-alunos do curso de marketing pessoal, que muito me incentivaram a colocar em livro o conteúdo do curso.

Edmundo Vieira Cortez

Primeira parte
Autoconhecimento

1
Um produto perfeito

Neste capítulo serão abordados assuntos referentes à sua importância. Você é uma pessoa especial. Nunca existiu, não existe e nunca vai existir alguém com a mesma impressão digital, com o mesmo coração e com mente e cérebro iguais aos seus, com sua capacidade de amar, de odiar, de pensar e de agir. Por isso você é especial e precisa fazer seu marketing.

Marketing pessoal

Você é um péssimo marqueteiro.

Eu? Como assim?

Nós estamos conversando há cerca de 10 minutos e ainda não me falou seu nome. Você sabe meu nome e eu não sei o seu.

Essa é boa! Então por isso eu sou um péssimo marqueteiro?

É. Você é um produto e tem uma marca. A marca é seu nome. Você deve divulgar seu nome.

Sim, mas a pessoa tem de perguntar meu nome...

Não, a pessoa não tem necessidade de saber seu nome. Você é quem deve ter interesse em que ela se lembre de você. Se uma pessoa fala seu nome para alguém, esse alguém tem de se lembrar de você.

Você é administrador de uma empresa, Deus & Pessoa Ltda. O produto são as virtudes. Deus é seu sócio. Deus entrou com o capital e você com o trabalho. Você, um dia, vai ser chamado para prestar contas e responder pelo sucesso de sua empresa.

Que grande descoberta! Não sou mais gente, sou um produto e tenho de ter e divulgar uma marca.

Não disse que você não é gente. Disse que é um produto; é o produto mais perfeito que já foi criado.

Você é mesmo um amigão. Todo mundo me põe defeito e você diz que eu sou um produto perfeito.

É, e por isso deve fazer seu marketing.

Marketing? O que é marketing?

Marketing é tudo que faz o produto ser conhecido pelo mercado e pelos clientes. O melhor produto, o produto mais útil e barato do mundo ficará na prateleira juntando poeira e manchas, desvalorizando-se e perdendo a validade, se não for feito seu marketing. Se ninguém o conhecer, ninguém o comprará.

Estou começando a gostar da ideia.

É mais ou menos assim: Deus montou uma empresa em parceria com você. Ele entrou com o capital e você entrou com o trabalho. A intenção é que, em alguns anos, a empresa comece a dar lucro. Um dia, você vai ser chamado pelo Sócio para prestar contas. Aí, o Sócio-Deus vai julgar se fez uma parceria boa ou má. Você foi treinado e preparado. Recebeu tudo para fazer uma boa administração da empresa.

Legal. Se entendi bem, eu sou sócio de Deus. E como é essa empresa?

A sociedade é sempre entre Deus e uma pessoa (Deus & Pessoa Ltda.); no caso, você. Então, o nome da sua empresa é Deus & Eu Ltda. O produto chama-se virtudes. O mercado chama-se sociedade, e o cliente chama-se outro. Você deve fazer com que o outro ou os outros conheçam e beneficiem-se com suas virtudes e garantir que a sociedade enriqueça com o seu trabalho.

E como fazer para que esta empresa tenha sucesso?

Já lhe disse, fazendo seu marketing.

Então, não me preocupo. Se Deus é meu sócio, Ele faz meu marketing.

Aí é que está a sabedoria de Deus. Ele treinou você para administrar a empresa e fazer boas vendas. Deu-lhe total responsabilidade e o preparou para isso.

Como assim, me preparou?

Deus lhe deu a inteligência para isso. Sua inteligência não é para tirar notas boas na escola. Deus lhe deu a inteligência para que achasse a sua maneira de ser feliz aqui na Terra, para que achasse seu próprio caminho. Enquanto estiver seguindo caminhos dos outros, não poderá realizar-se e ser feliz. Pode até seguir a orientação dos outros, mas suas atitudes têm de ser próprias, determinadas pela inteligência. Por isso cada um tem sua própria cabeça.

Então terei sucesso e serei feliz se utilizar corretamente minha inteligência?

Não basta a inteligência. Deus lhe deu também a vontade, o livre-arbítrio e o pensamento.

Para quê?

A inteligência é como se fosse uma lanterna para iluminar os diversos caminhos que podem ser seguidos. A vontade é para escolher o caminho certo e segui-lo com firmeza, custe o que custar, enfrentando todos os obstáculos. O livre-arbítrio é para que ninguém possa interferir na sua escolha. O pensamento é para você interferir e recompor seu modo de ser, quando for necessário.

Resumindo: sou só eu, apenas eu, o único responsável por meus fracassos e meus sucessos. Nem mesmo Deus pode interferir nas minhas decisões, boas ou más, se eu não Lhe permitir.

É isso mesmo. Você é responsável por tudo aquilo que diz respeito a você, até pelo fato de fazer ou não seu marketing.

Onde eu devo fazer meu marketing?

Sempre que estiver com outra pessoa. Portanto, em casa, na empresa, no clube.

No shopping, no campo de futebol.

Sim, no shopping. Se você estiver no shopping, num domingo, de short e camiseta, e alguém o vir, vai dizer: "Conheço aquele cara, ele é uma pessoa legal" (marketing positivo) ou "conheço aquele cara, ele é um chato" (marketing negativo)...

É, aconteceu comigo. Fui assistir à partida entre Corinthians e Palmeiras e vi um amigo meu brigando na arquibancada. Ele fez marketing negativo porque pensei: "Conheço esse cara, ele era meu amigo; não será mais".

Veja outra situação. Você está no shopping e vê uma pessoa que fez seu curso no mês passado. Você não se lembra do nome dela. O que você faz? Pensa: "Deixe-me andar depressa para ela não me ver", esconde-se. Agora, se você lembra o nome dela o que você faz? Aproxima-se e a cumprimenta, ou pelo menos não a evita...

É verdade, acontece mesmo.

Por isso eu digo que o nome é importante, é a sua marca.

E como faço para que a pessoa grave meu nome?

Dê um jeito de falar seu nome durante a conversa. Repita seu nome umas seis vezes. É o suficiente para que o outro o grave, sem querer. Fica mais ou menos assim: "Então, ele me disse, sabe, Cortez, você tinha razão, fiz aquilo do jeito que você ensinou, Cortez, e deu certo. Você precisava ver, Cortez, a expressão do rosto dele". E assim por diante. Faça o mesmo para gravar o nome da outra pessoa, repita umas seis vezes, pelo menos, o nome dela durante a conversa.

Confesso que não sei o nome do ascensorista do meu prédio, ele também não deve saber o meu.

Ouvir o próprio nome é gostoso, é sinal de que você tem certa importância para o outro. Alguns dias atrás, vinha da igreja, quando encontrei um pobre sentado na mureta do jardim da padaria. Tirei do bolso uma moeda de cinquenta centavos. "Como o senhor se chama?", perguntei. "Rodolfo", respondeu. "Rodolfo, um bom dia para você, esta moeda vale pouco, mas é de coração." Quando ia me afastando, ouvi ele murmurar: "Até que enfim alguém notou que sou gente também".

Certamente não foi por causa da moeda.

Pois é. A atenção e o carinho são importantes, e o nome tem uma importância singular. O jardineiro fica feliz, o lavador de carros fica feliz e o rico também fica feliz. Veja como é fácil fazer alguém feliz.

E se o outro não responder?

Não importa. É preciso cumprimentar "gratuitamente", isto é, sem esperar retorno.

Então basta cumprimentar e falar o nome para fazer o marketing?

Não. São cinco os pontos que devem ser observados no marketing pessoal:

- Conhecimento do produto.
- Propaganda do produto.
- Promoção do produto.
- Preço do produto.
- Ponto de venda do produto.

Você vai falar de cada um deles?

Sim. Vamos começar pelo conhecimento do produto.

Conhecimento do produto

Você pensa que se conhece, mas não se conhece.

Como assim não me conheço? É lógico que me conheço.

Vejamos. Vamos fazer um teste. Pegue papel e lápis. Feche a mão esquerda.

Para quê?

Para ver se você realmente se conhece. Feche. Agora, sem olhar, desenhe as três linhas mestras da mão fechada, a linha da vida, a linha do coração e a linha da cabeça.

Não me recordo.

Veja, se você não conhece nem a palma de suas mãos, que vê oito horas por dia, há tantos anos, como pode dizer que se

Você é um produto perfeito. Se não fizer seu marketing, corre o risco de ficar na prateleira pegando poeira, mofando e desvalorizando-se, até perder a validade.

conhece? Não se conhece e ainda é mentiroso quando diz que conhece o outro como a palma das mãos.

É verdade, realmente não me conheço.
Não se conhece e muito menos sabe por que existe.

Por que existo?
Veja, nunca existiu alguém como você.

Como assim?
Nunca existiu, não existe e nunca vai existir alguém com a impressão digital igual a sua.

É, e daí?
Nunca existiu e nunca existirá alguém com o coração igual ao seu, com sua capacidade de amar ou odiar.

E daí?
Daí que você é um ser especial. Foi criado com todo o carinho e colocado neste mundo, nesse local, nessa família e nesse contexto para cumprir uma missão.

Que missão?

A missão

Para que e por que você achou que foi criado tão perfeito?

Não sou perfeito!
Ah, não? Então acha que seu Criador é imperfeito?

Ele não; eu sim.

Se Ele é perfeito, não pode ter criado algo imperfeito. É lógico, não é?

Se Ele erra não pode ser perfeito.

Aí está: você só pode ter sido criado perfeito.

Bom, e daí?

Daí que se Ele criou você perfeito e o colocou neste mundo, nesse século, nessa data, nesse local, nessa família, é porque Ele quer que você faça o marketing Dele, que O torne conhecido pelos outros.

Devo ser pregador?

Não pelas palavras, mas pelas atitudes.

Espera aí, que atitudes?

As pessoas devem ver Deus através de você e de sua maneira de ser e de agir.

Devo ser uma vitrine de Deus?

É por aí. Quando você morrer, Ele vai ver quanto e como você O vendeu.

Espera aí! Ele não é um produto.

Certo, Deus não é um produto, mas você é um produto que contém a Sua essência. Essa essência divina tem de ser divulgada por você. Essa é sua missão, é justamente por isso que você existe. É justo que cumpra sua missão divulgando Deus pelas suas atitudes, pelo modo de ser, de agir e de sentir.

Mas aí os outros vão me chamar de carola.
Já disse, não se trata de pregar, de falar. Trata-se de atitudes. Você deve fazer sua parte, sem se preocupar com os outros, como na história da andorinha.

Que história?
A andorinha voava num vaivém e incomodou a coruja, que disse:

"Menina andorinha, vê se te aquietas no teu galho."

A andorinha respondeu: "Mestra coruja, estou apagando o fogo da mata."

E a coruja: "Como estás a apagar o fogo da mata, menina?"

A andorinha: "Estou pegando água do riacho e jogando no fogo, mestra coruja." E a coruja disse: "Onde estás com a cabeça, menina? Não vês que é impossível apagar o fogo com o pouquinho de água que levas no bico?"

Respondeu a andorinha: "Estou fazendo a minha parte, mestra coruja."

Legal, gostei.
É justo que cada um faça sua parte.

A justiça

Justo, justiça, perfeição, isso são tipos de cartas marcadas.
Como assim?

Não consigo entender Deus como justo.
Não? Por quê?

POR QUE DEUS CRIOU
O MANFRED ALTO,
LOIRO E DE OLHOS AZUIS
E ME CRIOU BAIXO,
MORENO E FEIO?
ONDE ESTÁ A
JUSTIÇA DE DEUS?

Como Ele pode ser justo se fez o meu colega alto – com um metro e oitenta e seis – loiro e com olhos azuis, e eu baixinho, gordinho? O meu colega, sim, pode divulgar Deus; eu não, aliás, nem seria justo. E não é preciso pensar muito, existem milhares de pessoas bem piores do que eu.

Espera aí, você está confundindo as coisas.

Que confundindo que nada! Se foi o mesmo Deus que fez todas as pessoas, por que essas diferenças?

Escute! Se você for a uma farmácia comprar uma pomada e o farmacêutico lhe trouxer uma caixa suja, manchada, amassada, rasgada, você compra a pomada?

Não, lógico que não.

Mas, e se o farmacêutico garantir que o conteúdo está bom e que somente a caixa está estragada?

Aí talvez eu compre.

Viu só? É a mesma coisa. O Criador foi justo porque fez o conteúdo interno das pessoas igual, a essência igual; a alma, a luz, o amor, as vibrações internas são iguais em todos. O que difere é a caixa, ou seja, o corpo que foi criado em parceria com os humanos (pai e mãe), que não são perfeitos. Como não são perfeitos, eles podem fazer um corpo imperfeito, mas o conteúdo que Deus colocou dentro é perfeito.

É, pois, o conteúdo que você deve divulgar, e não o corpo.

Então o corpo não é importante?

Lógico que é importante! Você deve tomar banho, escovar os dentes, tomar remédios, se for o caso; ou seja, cuidar da embalagem, que é o corpo, para valorizar o conteúdo, que é o mais importante.

Deixe-me sentar para pensar, estou ficando confuso: embalagem, corpo, explique melhor.

Muita gente pensa que o físico é tudo; cuida dele com todo o carinho e gasta muito dinheiro para deixá-lo bonito.

Está errado?

Não. Está certo. É preciso cuidar do físico (embalagem) a fim de chamar a atenção para o conteúdo interno.

Mas, e os deficientes físicos, os cegos, os aleijados e os feios?

Não importa o formato do corpo, o que importa é a transparência, o sorriso, o brilho dos olhos, a simpatia, a energia positiva.

Minha cabeça está ficando pequena para entender tudo isso. De onde vêm essas coisas todas: energia, brilho nos olhos?

Do conteúdo interno...

Basta! É isso que eu quero saber. Que conteúdo interno é esse?

Há mais ou menos 2.400 anos, já se falava dos valores internos nos livros dos Vedas; mas como o conteúdo interno não tem importância no contexto de hoje, pouco se ouve falar sobre ele, e muitos nem sabem que ele existe.

Então me diga, mestre.

Está bem, mas só porque você é meu amigo, senão eu mandaria você ler mais.

Legal, obrigado pelo toque. Pode começar.

Os grandes mestres antigos diziam que o homem tem sete corpos.

Sete?

Não me interrompa! Sim, sete, quatro físicos e três espirituais. O eu integral é composto de sete energias diferentes, independentes, mas interligadas. Elas compõem o indivíduo que você é. Einstein dizia que matéria é energia condensada, então o corpo é uma energia condensada que se amplia em mais seis energias, cada uma mais sutil que a outra.

Como assim?

Vou explicar-lhe. Você é formado por uma parte material e por uma parte espiritual. A parte material é composta de quatro energias mais densas, que compõem o físico e que deixam de existir após a morte, cada uma a seu tempo. A parte espiritual é formada por três energias mais sutis, que permanecem após a morte.

Está certo dizer que o hemisfério esquerdo do cérebro gerencia a parte material, enquanto o hemisfério direito gerencia a parte espiritual?

Até que provem o contrário, tudo bem. O que se sabe é que o hemisfério esquerdo trabalha coisas tangíveis, lógicas, racionais, e que o hemisfério direito trabalha coisas intangíveis, etéreas, emocionais.

E quais as diferenças entre os sete corpos?

Os corpos físicos

O primeiro corpo físico é o corpo carnal – esse que todos conhecem – formado por carne, músculos e ossos; criado por Deus em parceria com os homens (pais e mães), que, com suas limitações, podem criar coisas imperfeitas. Por isso, o corpo carnal se desgasta, acaba, morre, se decompõe, como já vimos.

É aquele corpo que você chamou de embalagem, ou caixa?

Isso. Deus escolhe o pai e a mãe para criá-lo. Depois de pronto, Deus coloca dentro seu próprio conteúdo, que é maravilhoso e igual para todos. É esse conteúdo que compõe o corpo espiritual.

O conteúdo interno é a alma?

Não. A alma é a essência de Deus no indivíduo. O indivíduo, além da essência divina, é composto de sete energias. Somente a energia densa, que é o corpo carnal, não comportaria a essência divina. Conteúdo interno é tudo que compõe o indivíduo.

E qual é o segundo corpo?

O segundo corpo é o corpo energético; feito de energia, de luz. Quanto mais brilhante for a luz, mais bonito e saudável será o corpo físico. Você vê o brilho das pessoas através dos olhos e da aura. Essa energia percorre o corpo pelos canais sutis, denominados meridianos. Quando um canal fica bloqueado, aparecem as doenças. Para desbloquear essas energias, os orientais descobriram, entre outras técnicas, a acupuntura e o do-in.

Posso perguntar?

Vá, pergunte.

Como posso repor essas energias?

Você recompõe essas energias através da alimentação, do ar que respira. Os médicos homeopatas falam que você tem de combinar os alimentos, comer mais verduras. Não é?

O ser humano é composto por sete energias diferentes, como se fossem sete corpos.

Sim. E de que outras maneiras?

Pela luz do sol, pelo contato com a natureza. Você já abraçou uma árvore para sentir a energia que ela emana?

Não.

Pois faça isso.

Não acredito nisso.

É bom não acreditar mesmo, mas seja São Tomé, faça, nem que seja para confirmar sua descrença.

Vou fazer, prometo. De que outras maneiras posso refazer minhas energias?

Pelo contato com as pessoas. As pessoas funcionam como vasos comunicantes, trocando energias entre si, boas e más.

É por isso que, às vezes, a gente não se sente bem perto de algumas pessoas?

Isso não quer dizer que a pessoa seja má, mas sim que ela está "pegando" sua energia e não está dando a dela em troca. Pode ver que algumas pessoas adoram estar com você, mas você as evita. O contrário também acontece, e você não sabe explicar o porquê.

Isso acontece mesmo. O que fazer?

Você deve proteger-se com um manto de luz colorida, violeta, por exemplo, ou qualquer outra cor que acredite ser protetora; mas a melhor maneira é você, sabendo disso, jogar amor para essa pessoa; a vibração do amor neutraliza a energia negativa.

Você acredita mesmo nisso?

Eu fui São Tomé, experimentei. Hoje, sei que funciona. Você pode fazer o mesmo. Bem, que tal voltarmos ao início? Do que estávamos falando?

Dos sete corpos.

Ah! É. O terceiro corpo é o corpo astral. Esse seria o corpo dos sentimentos: amor e ódio. Hoje, há estudos que demonstram que muitas doenças podem estar relacionadas aos sentimentos negativos, como mágoa, tristeza, raiva, ódio. Estes sentimentos estão relacionados com vários tipos de doenças, como hepatite, úlcera e até o câncer. Quanto mais amor você tiver, mais linda será sua energia e mais translúcido o seu semblante. Você vê no rosto das pessoas o reflexo da bondade e do amor, e também o da raiva e o do ódio. Os espiritualistas dizem que tanto o corpo astral quanto o corpo etéreo permanecem após a morte. O corpo astral permanece até quando alguém, na Terra, estiver ligado sentimentalmente, com apego e dependência, ao falecido. Somente quando acaba essa ligação é que a alma da pessoa se liberta e vai para um plano superior.

Nossa! Então a minha mãe ainda está presa a mim?

Pode ser. Mande vibrações mentais de luz para que ela se liberte e vá para um plano melhor, mais próximo de Deus.

E o corpo etéreo, quando acaba?

Segundo os estudiosos desse campo, o corpo etéreo, portanto de luz, acaba mais ou menos sete dias após a morte.

Então é por isso que se celebra a missa de sétimo dia?

Pode ser. Desconheço a origem das missas de sétimo dia.

Parece que tudo se encaixa. Você já falou de três corpos físicos. E o quarto?

O quarto é o corpo gerenciador, encarregado do funcionamento dos corpos já citados, chamados, pelos estudiosos, de corpo mental inferior, que, a meu ver, nada mais é do que o cérebro. O cérebro é responsável pelo funcionamento físico das pessoas, de seus órgãos, de suas glândulas etc. Se o cérebro for usado corretamente, o corpo astral vai funcionar melhor, o corpo etéreo vai funcionar melhor. Então, quanto melhor funcionar o indivíduo material, mais vai aparecer o indivíduo espiritual. Por que você ficou quietinho?

Fiquei pensando no que você disse.

Para que cada pessoa se tornasse responsável por si mesma e por seus atos, Deus dotou cada uma com seu próprio cérebro e a premiou com quatro instrumentos maravilhosos:

1 - INTELIGÊNCIA. Pela qual cada um pode descobrir o caminho para ser feliz e ter sucesso. Somente sendo feliz alguém pode fazer o marketing de Deus. Ninguém consegue ver Deus numa pessoa triste ou carrancuda.

2 - VONTADE. Escolhido o caminho, se a pessoa quiser, nada a impedirá de alcançar seu objetivo.

3 - LIVRE-ARBÍTRIO. Somente a própria pessoa pode escolher ou alterar seu caminho, porque apenas ela tem a chave do sucesso ou do fracasso. Não há cópias dessa chave, só existe a original, e ela foi entregue a cada pessoa. Quem depende de outro para ser feliz ou ter sucesso cedeu ao outro a própria chave e nunca será feliz ou terá pleno sucesso. Poderá ter momentos de felicidade, estar feliz, mas não será feliz.

4 - O quarto instrumento é o PENSAMENTO. É o maior de todos e, infelizmente, é o menos utilizado. É a vari-

nha mágica através da qual se fazem milagres. Você é aquilo que você pensa que é. Pelo pensamento é possível mudar toda a sua programação. Falaremos disso mais adiante.

E o corpo espiritual, como é composto?

O corpo espiritual

O corpo espiritual é formado por três corpos, ou, como dissemos, três energias mais sutis: corpo causal, corpo búdico ou intuitivo e corpo divino.

O que cada um faz?

O corpo causal é assim chamado porque cria as coisas. Sim, o homem é criador. Deus lhe deu esse poder. O corpo causal é, em essência, o pensamento.

O que tem a ver pensamento com criação?

Pensar fortemente é ter fé, é ter crença. Aquilo em que você acredita com fé acontece. Quando a viúva tocou no manto de Jesus e ficou curada, Ele lhe disse: "Não fui eu quem a curou, foi sua fé" (Mt 9,22). Em outra passagem Jesus diz: "Tudo é possível àquele que tem fé"(Mc 9,19) , ou ainda, "Sejam curados conforme a fé"(Mt 9,21).

Eu acredito nisso.

A verdade é que nossa fé é pequena. A gente usa muito "não dá", "acho", "espero", "gostaria", "é muito pra mim", "jamais", "não estou preparado".

Estou vendo que minha fé é pequena. É possível testar a força do pensamento?

Faça a seguinte experiência: coloque uma pessoa de 120 quilos sentada em uma cadeira. Tentem levantá-la, você e mais três pessoas, usando apenas dois dedos das mãos. Juntem as mãos, cruzem os dedos e deixem os dois indicadores em forma de alavanca. Coloquem as alavancas de dedos debaixo das axilas e das coxas dela. Feito isso, tentem levantá-la. Na primeira vez vocês não vão conseguir, porque, no inconsciente, todos pensam que 30 quilos é muito peso para cada um levantar. Agora repitam o mesmo exercício e façam a pessoa de 120 quilos pensar que está pesando apenas 60 quilos. Os quatro colocam as mãos na cabeça dela e pedem para ela visualizar uma balança com o ponteiro marcando 60 quilos. Em seguida, cada levantador deve pensar que está levantando apenas 15 quilos. Feito o ritual, fica fácil levantar a pessoa. Em outras palavras, mudando o pensamento, muda-se também a crença e aquilo em que se acredita vira realidade.

Jura? Dá pra fazer isso?

Lógico. Seja São Tomé. Não acredite. Faça a experiência. O que você pensa com fé, acontece. Não diga "acho que vou conseguir", mas "vou conseguir". Você tem de acreditar. Seu pensamento é forte, é poderoso; pode fazê-lo uma pessoa de sucesso ou uma pessoa derrotada. Seu futuro depende de você, daquilo que pensa que é ou que pode. Pensamentos avulsos são fracos, são como fios de seda separados, rebentam facilmente.

Pensamentos fortes são como uma corda de fios de seda tecidos, não rebentam. Fé nada mais é do que pensamento forte. Quando se diz "tenha fé que acontece", é o mesmo que dizer "tenha pensamento forte".

Está ficando interessante. E o segundo corpo espiritual?

O segundo corpo espiritual é o corpo búdico; é o corpo da intuição. Ele existe, mas só aparece depois que você aprende a dominar o pensamento, ou seja, só depois de aprender a meditar. Intuir é como fazer uma leitura da alma através do corpo; é ler a pessoa, as coisas e os acontecimentos de dentro para fora.

Aí já é complicado.

É por isso que são poucas as pessoas que têm a intuição desenvolvida.

Acho que nunca vou chegar lá.

Quem sabe praticando a meditação...

Já ouvi falar muito de meditação. O que é meditação?

Meditação é o caminho para você chegar ao terceiro corpo espiritual, que é o corpo divino. Quando a pessoa chega ao corpo divino, ela torna-se realmente semelhante a Deus; volta à origem, porque o homem foi criado à semelhança de Deus, semelhança essa que foi perdendo-se através das gerações pelo descontrole dos pensamentos. Desviando os pensamentos da Fonte, apareceram os desejos. Com os desejos vieram a ganância e outros vícios, e o homem foi distanciando-se cada vez mais da essência original, que hoje gira em torno de 3 por cento. Com o gerenciamento do pensamento a pessoa pode melhorar esse percentual de 3 para 100 por cento (50 por cento já seria excelente).

Isso quer dizer que, com a perda da essência, o homem foi perdendo sua semelhança com Deus e tornando-se mais semelhante aos animais?

É isso mesmo. E para voltar a ser o que era, um ser humano verdadeiro e pleno, é preciso aprender a dominar o pensamento, o que se faz através da meditação.

Meditação... Você mencionou, mas nada disse. Ainda não sei o que é meditação.

Meditação

Podemos dizer que meditação é a arte de gerenciar os pensamentos.

Eu penso em mil coisas ao mesmo tempo.

Pois é. O pensamento é como um cachorro que cai do caminhão de mudanças, corre para todos os lados. Precisa de uma coleira para poder ser reconduzido ao caminhão.

E como colocar coleira no pensamento?

Primeiro você tem de aprender a relaxar. Relaxar o corpo, músculo por músculo. O objetivo do relaxamento é dominar o corpo. Quando o corpo fica pesado, largado, gostoso, é sinal de que ele está dominado.

E então, com o corpo dominado, o que fazer?

Com o corpo dominado, a mente fica leve, aberta, solta, e aí você tem como treiná-la. Isso se faz através da mentalização.

PENSAMENTO FRACO

PENSAMENTO FORTE

Você é o que pensa. O pensamento é criador. Se pensa que pode, realmente pode. Da mesma maneira, se pensa que não pode, você não pode. O pensamento forte é fé.

O objetivo do relaxamento é controlar o corpo. E o da mentalização, qual é?

É controlar a mente. Para controlar a mente você concentra o pensamento numa única coisa o máximo de tempo que conseguir. Com o pensamento controlado, você consegue conduzi-lo para onde quiser, sem que ele fuja.

Estou precisando disso, será que consigo?

É questão de treinamento. É como aprender a andar de bicicleta, no começo é difícil, depois torna-se cada vez mais fácil.

Bem, vamos supor que meu pensamento esteja dominado, qual é o próximo passo?

Com o pensamento dominado, você o conduz para onde quiser e ainda vai com ele. Pode conduzi-lo para um lugar lindo, ou pode conduzi-lo com toda a força para energizar um órgão cansado ou doente.

Para isso preciso ter um pensamento muito forte?

Sim, quando você pensa muitas coisas ao mesmo tempo, seu pensamento fica solto e enfraquecido. Pensando numa coisa só seu pensamento fica forte. Pensamento forte é o que se chama crença, fé. Foi por isso que Jesus disse: "Tudo é possível ao que crê" (Mc 9,21) ou "[...] foi tua fé que te salvou" (Mt 9,22) para a mulher que se curou tocando em suas vestes.

Deixe-me ver se entendi. O ser humano é criado perfeito. Ele não é só corpo, massa física, criada em parceria homem-Deus; é também uma energia em forma de luz, que dá vida ao corpo. Essa energia é chamada de corpo etéreo. Há também uma outra energia, mais sutil, chamada de corpo astral, que forma os sentimentos. Tudo isso é con-

trolado pelo cérebro, onde residem a inteligência, a vontade e o livre-arbítrio. Se a inteligência for bem utilizada, a pessoa desenvolve a parte espiritual, formada pelo corpo causal, que é o pensamento. Quando esse é bem utilizado, desenvolve o corpo búdico, que é o da clarividência e da intuição. Trabalhando o corpo búdico com perseverança, o homem chega àquilo que os espiritualistas chamam de corpo divino, de contato direto com a essência criadora.

Nota dez. Quando se fala que a pessoa é um produto perfeito, é nesse sentido, não no sentido físico, mas no sentido do conteúdo interno. O corpo físico-carnal pode ser imperfeito porque foi criado em parceria com pai e com mãe, que podem não ser perfeitos, mas o conteúdo interno, que é a própria essência divina, só pode ser perfeito.

A pessoa pode não usar corretamente o conteúdo interno?

Sim, porque foi colocado à sua disposição. Deus delegou todo esse tesouro ao homem; mas como o homem tem inteligência, vontade e livre-arbítrio, faz dele o uso que quiser.

Se o homem não quiser, ninguém pode ajudá-lo?

É verdade. Com o poder que recebeu, o ser humano é o único responsável pela sua salvação ou sua perdição, pela sua felicidade ou sua infelicidade. Deus só vai ajudá-lo se ele permitir.

Entendi. O conteúdo interno da pessoa é o produto que deve ser divulgado, que deve ser vendido, e quem o adquirir estará conhecendo Deus através dessa pessoa.

É por aí. Os outros enxergam Deus nas pessoas através da manifestação de suas virtudes.

E agora, conhecido o produto, como fazer sua propaganda?

Propaganda

A propaganda pode ser visual ou falada. Na propaganda visual, o industrial coloca fotografias do produto nas revistas, nos outdoors, ou divulga o produto pela televisão.

Espera. Se entendi bem, para divulgar minha imagem preciso fazer propaganda nos meios de comunicação, jornais, revistas, televisão?

Nada disso. Sua propaganda visual faz-se através da aparência, da fala e das atitudes – roupa limpa, dentes escovados, cabelo assentado. A aparência dá a ideia do produto.

E a propaganda falada?

Você tem de aprender a falar bem de você, divulgar suas aptidões, dizer que você é capaz. Evitar falar no negativo como não sei, acho, nunca, talvez, poderia. Palavras que sugerem dúvida ou negação transmitem dúvida e negatividade. Você sabe ou não sabe; pode ou não pode. Se não sabe ou não pode, peça um tempo para aprender.

Mas aí vão dizer que sou presunçoso.

Não, se você usar o bom-senso e souber o momento de falar. O que não pode é falar que "não sabe", que "não consegue", que "é burro", que "os outros são melhores que você".

E a humildade onde fica?

Esse é o problema. Você foi educado para ser bonzinho, para ser humilde. Isso é paradigma. Pode-se ser bom sem ser bonzinho. Você foi criado perfeito, maravilhoso, único; nunca existiu, não existe e nunca existirá outro igual. Precisa ter orgulho de ser o que é porque foi criado especial. Tem de acreditar no seu potencial interno, no seu conteúdo. Nada de dizer "eu acho", "eu penso", "vou ver". Você sabe, você pode. Tem de fazer o seu marketing positivo. Foi criado especial para poder difundir a imagem de Deus ou, se preferir, você existe para fazer o marketing do Criador, fazendo-O conhecido pelas pessoas, a começar pela sua família e pelos seus colegas.

Certo! Tenho de fazer minha propaganda, mas como vou fazer minha promoção?

Promoção

Promoção diz respeito ao sentimento. No supermercado, a moça que carrega a bandeja com uns copinhos de licor está fazendo promoção: "Beba e sinta como é gostoso" ou "Coma essa bolacha e sinta o sabor" ou, ainda, "Pague dois e leve três". Isso diz respeito ao sentir. Sinta como é bom, sinta que está ganhando. Isso é promoção.

Muito bem! Mas como posso dizer para as pessoas "Coma um pouquinho de mim", "Beba um pouquinho de mim"?

Pode dizer, sim. Veja, você só está pensando no corpo. Você não é só corpo; corpo é apenas uma parte sua. A parte maior e mais importante é seu conteúdo interno: é mente, é pensamento, é energia, é intuição, é alma, é "Deus". Então, você pode dizer, sim, em alto e bom som: "Beba meu conteúdo interno; coma e compartilhe comigo as coisas boas do meu conteúdo interno".

Eu tenho de dizer isso?

Não, você tem de fazer com que as pessoas percebam isso.

Mas como?

Você faz promoção do seu conteúdo interno através do brilho dos olhos. Os olhos são o espelho da alma, não mentem. Através dos seus olhos, posso saber se você está triste ou alegre, amando ou odiando, feliz ou infeliz, seguro ou inseguro. Costumo contratar funcionários analisando o brilho dos olhos. Pelo brilho dos olhos, vejo se eles acreditam em si próprios. Esse é o primeiro passo para saber se vão dar certo ou não na função. Você já viu o brilho dos seus olhos?

Nunca me preocupei com isso.

Pois é, as pessoas não se preocupam mesmo. Uma vez, uma aluna pediu para conversar comigo e disse:

"Professor, nada dá certo pra mim, não consigo arrumar namorado."

Eu disse para ela: "Hoje à noite, quando você chegar em casa, entre no banheiro e feche a porta".

Ela perguntou-me para quê, e eu respondi: "Para ninguém pensar que você é louca. Aí você olha no espelho, procure olhar nos seus olhos; faça de conta que seus olhos são uma tela de televisão. Do lado dos olhos imagine dois botões. Vire esses botões no sentido horário, até colocar bastante brilho nos olhos. Faça isso hoje à noite, amanhã e todos os dias. Combinado?"

Ela respondeu: "Está combinado." – e ela o fez. Passado um ano e alguns meses, recebi uma ligação:

"Professor, é a Ruth, lembra-se de mim?"

Respondi: "Ruth? Não, não me lembro."

Ela esclareceu: "Professor, é a Ruth do brilho dos olhos, no banheiro, lembra-se agora?"

"Ah! Sim. Agora me lembro. Quais são as novidades, Ruth?"

"Professor, deu certo", afirmou ela, muito entusiasmada.

"Deu certo, o quê, Ruth?", questionei.

"O brilho nos olhos, professor", disse emocionada.

Ainda sem entender, perguntei: "Como assim, Ruth?"

"Professor, vou me casar no mês que vem. E sabe o que ele mais gosta em mim? O brilho dos olhos. Pois é, professor, muito obrigada pela dica", finalizou ela quase em lágrimas.

Legal. E, por falar nisso, como está o brilho dos meus olhos?

Não sei. Veja você mesmo. Mas pode melhorar, com certeza. Tem gente, não é o seu caso, que tem os olhos sem brilho nenhum, apagados, de "peixe morto", e não sabe, porque nunca analisou o brilho dos olhos.

É. Vou procurar ver o brilho dos meus olhos hoje mesmo.

É bom, porque se você não põe seu conteúdo interno, sua alma, seu Deus, nos seus olhos, como pode querer que as pessoas o valorizem?

E de que outra maneira posso fazer minha promoção?

Pelo sorriso. Veja bem, não é pelo riso, é pelo sorriso, aquela expressão bonita no seu rosto. Todo mundo gosta de uma pessoa que sorri. Dizem que para ficar sério você tensiona trinta e dois músculos e, para sorrir, apenas vinte e oito. Então, até por questão de economia, é melhor sorrir. Tenho uma experiência própria sobre o sorriso. Meus pais eram muito severos, rigorosos, não aceitavam brincadeiras. Estudei num colégio de padres de sangue nórdico, frios e exigentes. Como consequência, tornei-me uma pessoa séria, até mesmo carrancuda.

Eu percebia que as pessoas não gostavam de mim. Até meus irmãos pareciam evitar-me. Quando estava me especializando em Psicanálise, Sílvia, uma colega de quem eu gostava muito, numa reunião de terapia de mais ou menos 20 pessoas, disse publicamente: "Quero que todos vocês saibam e sejam testemunhas de que eu não gosto do Cortez. Gostaria que ele não me convidasse mais para tomar café (eu a convidava, mas ela nunca aceitava) e se ele quiser me fazer um grande favor, não fale mais comigo". Ouvi e achei que ela tinha sido autêntica, aliás, nem eu gostava de mim.

Terminada a reunião, fui para a secretaria, despachei alguns papéis, pois era codiretor pedagógico e, como aluno, presidente do grêmio. Meia hora depois, desci para ir embora. Estava chovendo demais... quem estava na porta esperando a chuva passar?

A Sílvia.

Pois é, a Sílvia. E eu:

"Oi, Sílvia! Você ainda aqui?"

Indignada, ela disse: "Além de falso, você é também surdo? Não estava na reunião? Não ouviu o que eu disse?"

Calmamente, respondi: "Bem, Sílvia, ouvi tudo e sei que você tem razão. Posso parecer falso, sou carrancudo; mas, se quiser, além de lhe dar carona, deixo você dirigir."

Admirada, ela indagou: "Deixa mesmo?"

Eu confirmei: "Deixo."

Eu sabia que ela adorava dirigir. Foi a maior besteira que eu fiz. Estava chovendo, pista lisa. Ela acelerou numa curva e bateu direto no carro da polícia que vinha em sentido contrário. Nosso carro foi jogado no posto de gasolina e, por pouco, não bateu na bomba. Quando vimos, estávamos cercados de guardas com espingardas e metralhadoras nos vidros do carro. A Sílvia, que era a menina mais feia da faculdade, mas tinha uma voz e um sorriso cativantes, conversou com os guardas com seu jeitinho especial. Resultado: os guardas empurraram nosso carro para dar partida, não nos multaram e a Sílvia saiu dando tchauzinhos para eles. Só que agora eu é que estava na direção. Resumindo, aprendi muito com a Sílvia, principalmente com o que ela me disse: "Você é muito sério; precisa sorrir mais; seu rosto parece uma máscara". A partir daí, comecei a treinar o sorriso. Colocava um sorriso no rosto para exercitar a musculatura enquanto dirigia. Percebi que dava resultado, ou seja, alguns motoristas abriam caminho e me deixavam passar; não sei se porque me viam feliz ou porque me julgavam louco. À noite, para dormir, colocava um sorriso no rosto. Percebi que comecei a dormir melhor, sem roncar, sem pesadelos, direto, quase sem acordar. Costumo ensinar as pessoas que têm problemas de sono a fazer o mesmo. Todos dizem que dá certo.

Estou precisando disso. Vou tentar dormir sorrindo.

Faça isso, não custa nada. Como funcionou para dormir, comecei também a sorrir antes de levantar-me. Até hoje, antes de levantar-me, eu coloco um sorriso no rosto. Antes de ir trabalhar, sorrio para mim no espelho. Só sei que minha vida melhorou 1.000 por cento, em todos os sentidos, pessoal e profissionalmente. Estou certo de que o sorriso teve um papel importante nisso.

Mas nem sempre dá para sorrir. Se você não está bem, o sorriso fica falso.

É verdade, fica falso, fica artificial. Por isso muita gente não persiste. Mas você deve fazer assim mesmo, com o passar do tempo fica natural. Pois, se você está triste, seu rosto fica triste; se você está alegre, seu rosto fica alegre. Por que não fazer o inverso? Quando estiver triste, coloque um sorriso no rosto que a tristeza vai embora. Isso realmente funciona. Talvez porque o cérebro se engane e em vez de mandar ordens para as glândulas produzirem adrenalina, mande ordens para produzirem endorfinas, que provocam sensações de prazer e de relaxamento. Seja São Tomé, não acredite, mas tente dormir sorrindo, tente para ver o que acontece.

Bem, então rir é importante?

Rir é uma coisa, sorrir é outra. É importante lembrar que o sorriso, não necessariamente o riso, é como a água que molha as plantas de um jardim e as faz crescer com mais vigor e beleza. O sorriso tem o poder de abrir novas conexões no cérebro.

Mas qual a diferença entre riso e sorriso?

O riso é sonoro e nem sempre reflete um estado calmo e sereno. Pode-se, por exemplo, rir de nervosismo. O sorriso é uma expressão facial serena que reflete um conteúdo interno feliz.

Explique melhor esse negócio de conexões no cérebro.

O cérebro, que pesa cerca de 1,4 quilo, é formado por milhões e milhões de células conectadas entre si por neurônios, que são filamentos nervosos que conduzem sinais elétricos. Cada neurônio pode conectar-se a outras 100 mil terminações como ele. Tal a grandeza dessa maravilha que, se fosse possível contar 200 conexões por minuto, seriam necessários 9.510.000.000 de anos para efetuar tal operação. Essas conexões por onde passam as informações são chamadas de sinapses. Quanto mais a pessoa exercita o cérebro, mais sinapses são feitas. Quanto mais sinapses, mais esperta, ágil e inteligente é a pessoa. Assim como o bebê desenvolve mais sinapses com o passar do tempo, o idoso diminui o número de sinapses e fica com o raciocínio e a memória lentos.

Acho que estou velho e com dificuldade de assimilar isso.

Imagine um chuveiro novo. A ducha do chuveiro novo é muito densa. Na proporção que o chuveiro vai ficando velho, a ducha vai diminuindo.

Os buraquinhos vão ficando obstruídos.

Perfeitamente. A mesma coisa acontece com o cérebro. A pessoa que não exercita o cérebro faz com que ele vá perdendo a capacidade de fazer sinapses e com isso vai ficando mais lenta para raciocinar, memorizar, etc.

Acontece só com adultos?

Não. Os pais que superprotegem os filhos também impedem que eles desenvolvam sinapses e contribuem para que o raciocínio deles fique mais lerdo.

Já sei, vou deixar meu filho fazer tudo.

Nada disso! Os filhos têm de aprender fazendo, mas com orientação, senão crescem muito independentes, sem limites, e vão sofrer mais tarde. Limites também fazem parte do aprendizado necessário para se viver bem socialmente.

Certo. Anteriormente, você falou que a gente tem de ter um preço. Qual pode ser meu preço? Quanto eu valho?

Preço e ponto de venda

O seu preço depende de sua valorização. Quanto mais e melhor você fizer seu marketing, ou seja, sua propaganda e sua promoção, mais você valerá e mais caro você poderá

O cérebro é como um chuveiro: quando novo, funciona bem, quando vai ficando velho, a ducha diminui; com o passar do tempo, a rapidez de raciocínio do cérebro diminui.

custar, porque mais pessoas desejarão beneficiar-se de sua companhia. Então, o seu preço está relacionado às suas atitudes, ao seu sorriso, ao brilho de seus olhos, ou seja, à sua simpatia.

Pode dar-me um exemplo?

É fácil; pense na situação de uma pessoa sorridente, de bem com a vida, sempre cercada por muitos amigos que a valorizam. Certamente, essa pessoa vale muito mais para suas companhias que aquela que vive zangada, carrancuda, etc.

E a moeda, qual seria?

Digamos que é a amizade sincera. Se você tiver cinco amigos sinceros, você valerá cerca de cinco mil reais.

Pode citar um exemplo?

Posso. Minha sogra se vendia muito bem. Quando ela morreu, centenas de amigos vieram para o enterro. No velório, havia uma multidão. Por coincidência, no velório ao lado estava sendo velado um senhor aparentemente rico. Havia duas coroas de flores, e só duas pessoas ao lado do caixão, talvez a mulher e uma filha. Então, quem se vendeu melhor, ele ou minha sogra?

Certamente, ela.

Veja uma outra situação. Se você perder o emprego hoje, quantos colegas vão realmente ficar preocupados com você? Quantos vão preocupar-se em ajudar você a arrumar outra colocação?

É, acho que meu marketing está bastante fraquinho.

E se você ficar doente?

Nem fale. Vou dar um jeito rápido de melhorar meu marketing.

E onde é que a gente se vende? Qual a praça, o mercado, o ponto de venda?

Onde você estiver com uma ou mais pessoas; em casa, na escola, no trabalho, estou certo?

Está certo.

2

Conteúdo interno

Nesta parte veremos como você é por dentro; qual seu conteúdo interno; o que torna você tão importante; por que internamente você é diferente dos outros e as vantagens de ser diferente.

O cérebro

Quanto mais e melhor você se conhecer, melhor você vai se vender.

Você já disse isso antes.

Mas não disse tudo. Você sabe, por exemplo, quantos cérebros você tem?

Que pergunta absurda! Tenho um cérebro.

Errou. Você tem três cérebros.

Cabeças?

Cérebros, sistemas cerebrais. Quando Deus criou os primeiros animais, aqueles animais mais primitivos, que andam rasteiro, minhocas, taturanas, cobras, por exemplo, deu a eles um cérebro, hoje conhecido como cérebro reptiliano.

Cérebro de réptil?

Isso mesmo. Esse cérebro é responsável pelo instinto de sobrevivência, de defesa da vida e da procriação.

O ser humano tem esse cérebro?

Tem, e o usa bastante. Num incêndio, por exemplo, a pessoa não pensa em nada, só se preocupa em salvar-se. Depois de salva é que se preocupa com os colegas. Numa briga, quando a pessoa se descontrola, agride e, às vezes, até mata o outro; está agindo com esse cérebro.

Numa batida de carro, quando há discussão e um mata o outro, está agindo com o cérebro reptiliano?

Sim. Depois que passa é que a pessoa percebe a burrada que fez. Aí já é tarde. Na cadeia, tem muita gente que utilizou esse cérebro.

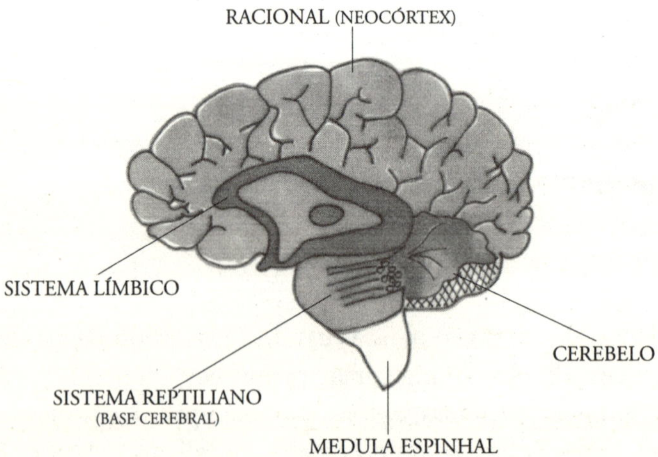

Os sistemas cerebrais: reptiliano, límbico e racional (neocórtex).

O uso do cérebro reptiliano é sempre negativo?

Não. Graças a ele o ser humano consegue sobreviver e procriar. Só é negativo quando utilizado sem controle da razão, sem bom-senso, como é o caso dos tarados sexuais, que por isso mesmo são chamados de animais.

E o segundo cérebro?

Depois que criou o cérebro reptiliano, o Criador dedicou-se a uma obra melhor. Então criou o chamado cérebro límbico. Esse cérebro é responsável pelas emoções e pelos sentimentos.

Deus criou os animais em três categorias e dotou cada uma delas de cérebros apropriados:

– Os répteis com cérebro reptiliano.
– Os animais mais evoluídos com cérebro límbico.
– Os humanos com cérebro racional.

Quem tem o cérebro límbico?

Os animais mais evoluídos. Esses, além do cérebro reptiliano, que se localiza na porção superior da medula, têm também o cérebro límbico, que se localiza ao redor do cérebro reptiliano. Os animais mais evoluídos, como macacos, cachorros, elefantes, têm esse cérebro.

Por isso são capazes de apegar-se às pessoas?

Perfeitamente. Mesmo selvagens, podem ser domesticados.

E os homens?

As pessoas têm o cérebro reptiliano, o cérebro límbico e o cérebro denominado racional. Sócrates, 400 anos antes de Cristo, já dizia que o ser humano se distingue dos animais pela razão.

Explique isso melhor.

Digamos que, depois de criar todas as coisas, Deus entendeu que deveria criar um ser responsável, que cuidasse de tudo como se fosse Ele. Então, criou o ser humano à sua imagem e semelhança, perfeito.

Só que de perfeito o homem não tem nada.

Pois é. O que acontece é que, muitas vezes, o homem não usa o cérebro racional, aliás, na maioria das vezes, ele age com o cérebro emocional. É por isso que os consultórios e os sanatórios estão lotados. O ser humano é perfeito no ser, mas não no agir. Quando age só com a emoção, a pessoa faz tudo errado; e depois, quando aparece a razão, arrepende-se. Muitas vezes, quando a emoção é muito forte, não consegue nem se arrepender, entra em "pane" e se descontrola por completo.

É por isso que quando alguém diz ou faz uma coisa que nos magoa, aquilo fica na nossa cabeça e perdemos até noites de sono?

É isso. Uma palavrinha pode fazer todo esse estrago. O pior é que quando a emoção é muito forte, a pessoa pode entrar no cérebro reptiliano e fazer uma burrada grande, como agredir o outro e até matar.

É por isso que se fala "aquela pessoa é um animal"?

É. E nesse momento ela realmente é animal, porque reage com o cérebro reptiliano.

E por que Deus não faz nada para impedir?

Porque Deus deu ao ser humano o dom do livre-arbítrio.

Como assim, dom do livre-arbítrio?

Livre-arbítrio

Pois é, quando criou o homem à sua imagem, um dos dons que Deus lhe deu foi o livre-arbítrio.

Um dos dons?
Sim. O primeiro foi a inteligência.

Mas nem todos são inteligentes.
Calma! Uma coisa de cada vez. Por favor não me interrompa.

Desculpe-me.
Depois eu falo mais da inteligência.

Está legal.
Como eu ia dizendo, Deus primeiramente deu ao ser humano a inteligência, depois deu-lhe o poder da vontade para que ele pudesse alcançar seus objetivos, deu-lhe também o livre-arbítrio, e, por fim, o dom maior, que é o pensamento.

Você disse que o livre-arbítrio é o charlatão.
Como assim, charlatão?

É. Você não disse que ele é o culpado pelo fato de os seres humanos não serem perfeitos?
Disse e repito. Vejamos. Deus criou o ser humano à sua imagem e semelhança, certo? Deu-lhe a inteligência para conhe cer o caminho do mal e o caminho do bem, simbolizados pelos frutos do bem e frutos do mal, certo?

Certo.
Deu-lhe também o direito de escolher o que fazer, certo?

Certo. Deu-lhe também vontade e livre-arbítrio?

Isso. Segundo a Bíblia, o que fez o ser humano, tentado pela serpente? Escolheu comer do fruto do mal, a maçã proibida.

Pelo que me disseram, a serpente é o símbolo do sexo. Será que o pecado original foi fazer sexo só pelo prazer que ele proporciona, imitando os animais?

Pode ser. Mas isso não vem ao caso. O que importa é que Deus deu ao ser humano total autonomia para usar a inteligência e vontade, e ele escolheu fazer o que Deus não queria.

Mas se Deus é bom e pode tudo, por que não impediu?

Porque, se impedisse, teria desrespeitado a inteligência, o poder da vontade e o livre-arbítrio que dera à sua criatura preferida.

Quer dizer que o ser humano pode fazer de tudo que Deus não impede?

Sim. A não ser que o próprio homem Lhe dê permissão. Se ele não der permissão, nem Deus pode interferir nos seus atos.

Isso quer dizer que se o ser humano quiser se matar, quiser ir para o inferno, Deus permite.

Permitir? Não. Ele respeita. Com tristeza, mas respeita. Com o ser humano também acontece isso.

Entendi. O pai e a mãe não querem que o filho, já moço, faça algo que eles acham que é errado, ficam tristes, mas não podem impedir, não podem entrar na cabeça do filho e mudar seus desejos.

Mais ou menos assim. Dar ao ser humano total responsabilidade e liberdade e respeitá-las é a maior prova do amor de

Deus. Imagine uma mãe que, para provar que ama o filho de mais de 20 anos, tira-lhe toda a responsabilidade, faz tudo por ele, não o deixa errar, não lhe permite sair de casa sem ela. Essa mãe ama realmente o filho?

É lógico que não.

Pois é, assim seria Deus se tirasse o livre-arbítrio dos seres humanos.

E a inteligência? Qual é o seu papel? Para que serve?

Inteligência

O principal objetivo da inteligência não é fazer a pessoa aprender a ler ou a escrever, ou, ainda, a tirar boas notas.

Qual é então?

Deus deu inteligência ao ser humano para que ele soubesse como ser feliz. O homem foi criado para ser feliz, e a inteligência serve para que ele descubra como. A inteligência é como uma lanterna que ilumina vários caminhos, para que o homem analise e escolha o melhor, aquele que o levará à felicidade.

Certamente todo mundo quer ser feliz.

Querer é uma coisa, fazer é outra. É preciso ter vontade para agir, ter coragem, acreditar e ir em frente. Por isso, além da inteligência, Deus deu a força de vontade à sua criatura mais perfeita. Cada pessoa tem um caminho próprio para ser feliz, e é pela inteligência que ela o descobre. Quem não encontra o próprio caminho e trilha o caminho do outro, do pai, da mãe, da esposa, dos filhos, dos netos, da sociedade, normalmente não é feliz. Por isso, cada pessoa tem sua própria inteligência, cuja função é ajudá-la a escolher o caminho de ser feliz. Escolhido o caminho, é preciso segui-lo com persistência, aconteça o que acontecer, daí o dom da vontade própria.

Quer dizer que a gente não deve depender de ninguém?

Para ser feliz, não. Os outros podem nos proporcionar momentos de felicidade, mas o estado de felicidade vem de dentro. Estar feliz é uma coisa, ser feliz é outra coisa.

Mas a gente depende da empresa para ganhar o salário, depende da esposa para ter filhos.

Para isso serve a inteligência. É ela que determina como você pode ser feliz precisando depender de alguma coisa. Essa dependência seria um instrumento que você escolheu e determinou como o seu caminho de ser feliz. Você deve ser feliz neste momento, e sua inteligência e sua coragem escolhem os meios corretos. A isso se chama sabedoria ou bom-senso. Ter bom-senso é o que determina como, "apesar disso", você pode ser feliz.

E isso é o que se chama inteligência emocional?

Se preferir pensar assim, tudo bem. Sua inteligência é muito versátil. Ela adapta-se a todos os momentos e a todas as circunstâncias; ou seja, você utiliza a inteligência e, consequentemente, acha seu caminho, não importando as circunstâncias e os empecilhos.

A inteligência é como uma lanterna que ilumina os caminhos. O verdadeiro papel da inteligência é mostrar à pessoa os diversos caminhos da sua vida e ajudá-la a escolher aquele que a conduzirá mais seguramente à felicidade.

Através da inteligência escolhemos o caminho para ser feliz e pela força de vontade corremos atrás da felicidade.

Isso mesmo. A inteligência é o farol que ilumina os caminhos. São muitos os caminhos, o caminho do seu pai, da sua mãe, da esposa, dos filhos, dos netos. Através da inteligência você é capaz de ver todos esses caminhos, analisá-los e escolher o seu. Caso não escolha corretamente e acabe andando pelo caminho dos outros, se sentirá inseguro, indeciso, medroso e infeliz.

Resumindo, cada um é feliz à sua maneira.

É, e para isso é preciso ter determinação e coragem, porque as pessoas querem que você siga o caminho que elas escolheram. Por exemplo, é mais fácil para o pai quando o filho segue o caminho dele.

E a educação, onde fica?

Essa é a base da verdadeira educação. Os pais devem educar os filhos desde pequenos para que eles tenham caráter, personalidade, segurança, determinação, ou seja, para que aprendam a confiar na própria inteligência e não fiquem dependendo da inteligência de outro para realizar-se.

Mas, quando pequenos, os filhos não entendem.

É verdade. É por isso que, ao começarem a entender, lá pelos sete anos, já precisam ter a base ou os parâmetros para tirar as próprias conclusões.

E como conseguir isso?

Jogando mensagens positivas. O bebê pode não entender, mas ele vai guardando essas mensagens na mente. Mais tarde, quando começar a entender, vai usar essas mensagens. Depois, quando maior, os pais e os responsáveis devem conversar muito com ele, procurando entender seu raciocínio, porque, nesse momento, estará desenvolvendo seus próprios valores. Os educadores precisam acompanhar o desenvolvimento desses valores.

Entendi. Se os pais não souberem como está desenvolvendo-se a mente do filho, não saberão entendê-lo no futuro. Aí poderá ser tarde. Se os pais impuserem aos filhos o seu modo de ser, provavelmente estarão querendo que os filhos sejam felizes à maneira deles, e o mais provável é que, desse modo, eles não vão alcançar a felicidade.

É isso mesmo. Mas é preciso entender que não se trata de fazer ou não a vontade dos filhos. É preciso fornecer-lhes informações, dados, para que conheçam também os valores da família, da sociedade e dos outros. Para que esses valores sejam ouvidos e mentalmente processados, muitas vezes, os pais devem dar penalidades, repreender e até mesmo dar castigos. Sempre, é claro, explicando por que estão tomando essa atitude. O diálogo é importante até mesmo na hora de punir.

Bem, deixe-me ver se entendi. Os maiores dons que Deus deu ao homem são a inteligência, que serve para escolher o melhor caminho de ser feliz; a força de vontade, para caminhar em busca da felicidade, custe o que custar; e o livre-arbítrio, para que ninguém o impeça e só ele seja capaz e responsável pela sua felicidade ou infelicidade.

Isso mesmo. E ainda o dom do pensamento, pelo qual ele pode refazer a sua programação à hora que desejar.

É assim que se forma um adulto responsável?

Perfeitamente. Adulto responsável é aquele que sabe gerenciar atitudes e emoções.

Como assim?

Se você não quiser, ninguém, nem Deus, pode contrariar você.

Isso quer dizer que os pais estão isentos da formação dos filhos?

Não, de maneira alguma. Cabe aos pais educá-los até que os filhos tenham capacidade de discernir o certo do errado e preparo físico, emocional e psicológico para se assumirem.

E qual a melhor maneira de educar os filhos?

A melhor maneira de educar os filhos é através do diálogo constante, desde o início, para que eles aprendam e criem parâmetros próprios de julgar o bem e o mal. É bom conversar com o filho até mesmo antes de ele nascer, porque, mesmo dentro do ventre, o bebê já tem uma mente, cuja função é captar informações que o tornam um indivíduo.

Isso quer dizer que a base da educação é conversar e ouvir os filhos?

É isso mesmo. A educação através do diálogo fornece aos filhos instrumentos para que sejam felizes à sua maneira e, dessa forma, transformem-se num adulto responsável.

Adulto responsável

Como dissemos, não basta a inteligência para ser feliz, é preciso ainda a vontade e o livre-arbítrio. Não basta saber o caminho, é preciso coragem e força de vontade para correr atrás da felicidade. Nem sempre é confortável ter vontade própria e livre-arbítrio, porque ao ter vontade própria e livre-arbítrio a pessoa passa a ser responsável pelos seus atos e pelas consequências de seus atos, ou seja, se é feliz ou infeliz, ela é a única responsável, ninguém mais, e muito menos Deus.

Certo, isso ficou bem claro.
Ser um adulto responsável é saber e colocar isso em prática.

Perfeitamente compreendido.
Mas, o que não deve ter ficado claro, é que você pode agir com base em três impulsos.

Lá vem você de novo. Quando está ficando claro, você complica.
Não é complicação. Você pode agir pela razão, pela emoção e pelo instinto.

Como pelo instinto?
Instinto é aquilo que Freud chamou de "id". É a ação sem controle da razão e da emoção. O tarado social, o assassino, o fanático não têm controle de suas ações.

É quando uma pessoa deixa de ser gente e age como animal?
É isso mesmo. É não agir como adulto responsável.

Adulto é aquele que age mais com a razão do que com a emoção?
É aquele que, com a razão, gerencia as emoções. Normalmente, o ser humano é muito mais emoção do que razão, aí complica.

Mas emoção não é uma coisa boa?

É, quando o adulto é responsável. Não é, quando o adulto é irresponsável.

Bagunçou.

Emoções

Para entender isso melhor, vamos falar um pouco das emoções. O melhor trabalho sobre emoção é o de Eric Berne, denominado Análise Transacional. Berne era psicanalista e tratava de um advogado famoso e bem-conceituado. A história é mais ou menos assim. Um dia o advogado chegou ao seu consultório, sentido, emocionado e Berne observou: "Você não está parecendo aquele advogado adulto que eu conheço, está parecendo mais uma criança."

E o advogado disse: "Pois é, eu não estou legal. Na verdade, sinto-me como uma criança mesmo."

Em outras sessões, Berne perguntava: "Quem veio hoje, o adulto ou a criança?" E Berne conduzia a sessão com base na resposta do advogado. Um belo dia, o advogado chegou nervoso, brigando com Berne. Berne então observou que não era nem o advogado "adulto" nem o advogado "criança" que estava ali, e denominou essa terceira emoção como "pai".

Então, se estou entendendo, são três as emoções: emoção pai, emoção adulto e emoção criança?

Não. O "adulto" não é emoção, é a razão; emoção é o "pai" e a "criança".

São dois os tipos de emoções?

Na realidade, são cinco os tipos de emoções. É como se dentro de cada pessoa existissem um adulto, dois pais e três crianças, que Berne denominou de Pai Crítico, Pai Natural ou Protetor, Criança Passiva ou Submissa, Criança Rebelde e Criança Livre.

Quando a gente é o quê?

Numa reunião é fácil perceber quem é o Pai Crítico; é aquele que quer ser o centro das atenções, que quer mandar, que procura impor-se.

E o Pai Protetor?

Imagine alguém gritando com o Pai Crítico: "Você é burro, cale a boca, eu estou falando", aí alguém diz: "Oh! Fulano, não fale assim. Isso não é jeito de falar com um colega". Esse é o Pai Protetor, aquele que protege, aquele que não gosta de conflito.

E a Criança, como se comporta na reunião?

É fácil perceber a Criança Passiva. É aquela que não quer aparecer, esconde-se no fundo da sala e fica quietinha, quando quer perguntar, levanta o dedo e espera a permissão de algum Pai Protetor do grupo para que possa falar.

Acho que sou um pouco assim. E a Criança Rebelde?

A Criança Rebelde é aquela que fica mexendo-se na cadeira, olha para o relógio e resmunga, resmunga: "Que reunião chata!", "Esse cara só fala abobrinha!", "Essa reunião não acaba!"

Não, eu não sou assim. Sou mais Criança Passiva. Às vezes, também sou Pai Protetor, porque não gosto de discussões. E a Criança Livre?
A Criança Livre sempre gosta de sentar-se próximo a outra Criança Livre. Na reunião, as duas ficam cochichando e rindo o tempo todo. Não prestam atenção em quem está falando. Se forem repreendidas, ficam sérias por curto espaço de tempo, mas logo voltam a achar graça de alguma coisa.

Qual das cinco emoções é a melhor?
Nenhuma é melhor e nenhuma é pior.

Como assim?
A emoção só é boa quando gerenciada e controlada pelo adulto. Quando aparece instintivamente, não é boa.

O adulto é a razão, o bom-senso?
Vamos dizer que sim. Depois você vai entender melhor.

Gostaria de entender agora.
Imagine o marido chegando em casa, gritando: "Mulher, você pensa que dinheiro dá em árvore? Só pensa em gastar? Trabalho que nem louco e você fica jogando dinheiro fora!" Ou ainda: "Essa comida não dá, só arroz, feijão e carne, e, ainda mais, fria! O que você ficou fazendo em casa?" Ou então imagine o namorado dizendo para a namorada: "Assim não dá, quem você pensa que é, a rainha de Sabá? Faz uma hora que a estou esperando aqui no carro! Pensa que sou o quê?"

O marido e o namorado agiram como Pais Críticos.
É isso mesmo! Agora imagine que a esposa também seja um Pai Crítico e responda para o marido: "E você, quem pensa

que é? Por acaso pensa que é meu dono, meu pai ou meu patrão para gritar assim comigo? Você fica nos bares gastando dinheiro com os amigos, enquanto eu fico aqui, dando duro para cuidar dos nossos filhos e da casa." Um dos dois vai dormir no sofá, não acha?

Acho, e certamente é o marido.

Imagine a namorada no papel de Pai Crítico também, dizendo para o namorado: "E você, quem pensa que é? Pensa que é meu dono? Ninguém mandou você me esperar, podia ter ido embora. Se quiser ainda está em tempo..." Veja bem: Pai Crítico com Pai Crítico, não dá certo. Essa noite não vai haver cinema, teatro ou coisa parecida, não acha?

Acho que, às vezes, tenho sido Pai Crítico com minha namorada, e que ela não tem sido Pai Crítico comigo.

Se ela não tem sido Pai Crítico, pode estar sendo Criança Passiva.

Por que você chegou a essa conclusão?

Simples. Porque para você não ter ficado com mais raiva ainda, ela deve ter aceitado passivamente sua irritação. Talvez tenha até ficado com os olhos marejados de lágrimas.

E por que ela não pode ter sido Pai Protetor?

Pode, mas se ela tivesse dito "Calma amor, você está nervoso. Fique calmo!", você teria ficado mais nervoso ainda.

Acho que sim. E por que não Criança Rebelde?

Porque, se ela tivesse respondido com ironia, com deboche "Ih! Tá nervosinho por quê? Algum bicho te mordeu?", você teria ficado com mais raiva.

As emoções são positivas quando são gerenciadas pelo adulto responsável e são negativas quando não são gerenciadas pelo adulto responsável.

Aí, eu ficaria mais nervoso ainda.

E o que aconteceria se ela tivesse se comportado como Criança Livre?

Eu também teria ficado mais nervoso. Imagine eu bravo e ela rindo sem me dar a mínima.

Pois é, agir apenas por pura emoção nunca dá certo.

Como ficaria Pai Protetor com Pai Protetor? Seria legal?

Legal entre aspas. Não haveria conflito, briga, mas não se resolveria nada. Imagine a esposa falando para o marido:

"Amor, precisamos pintar a casa."

Ele: "É verdade, querida, precisamos. Você decide quando."

Ela contesta: "Não, você decide."

Ele insiste: "Decida você..." e assim por diante. Um ano depois, a casa ainda estará para ser pintada, e um estará ainda esperando o outro decidir.

E o casal de namorados como Pais Protetores?

Imagine a cena.

Ela pergunta: "Amor, o que vamos fazer hoje à noite?"

Ele responde carinhosamente: "Você quem sabe, amor."

Imediatamente ela diz: "Não, resolva você."

Ele arrisca: "Quer assistir a um filme?"

Ela entusiasma-se: "Quero. Que filme?"

Mas ele responde: "Você escolhe."

Ao que ela rebate: "Não, escolha você." Assim a noite passa... e eles não foram ver filme algum.

Outra cena comum. O noivo fala pra noiva:

"Amor, que tal a gente marcar a data do casamento?"

Ela responde alegre: "Boa ideia! Quando?"

Mas ele diz: "Você quem sabe."

Ao que ela responde: "Não, marque você."

Ele insiste: "Não, marque você..." Depois disso, já se passaram seis anos e eles ainda não marcaram a data.

E o Pai Protetor com a Criança Passiva?

No começo é gostoso. A criança faz toda a vontade do pai e os dois sentem-se bem. Ele quer ir ao cinema, ela vai. Ele quer ir ao teatro, ela vai. Tudo é ele quem decide. Até mais ou menos um ano é legal, depois ele cansa dela e arruma outra companheira, que não seja tão passiva, e ela não sabe porque ele a largou se era tão boazinha. Muitos namorados pensam que agradam o parceiro fazendo todas as suas vontades, adivinhando seus desejos, realizando seus caprichos, agindo como Criança Passiva, mas não é por aí, não dá certo. Logo, logo, o parceiro, seja Pai Crítico ou Pai Protetor, se cansa e despacha a criança boazinha.

Isso só acontece com namorados?

Não, não. O chefe cansa do funcionário Criança Passiva. O marido cansa da esposa Criança Passiva e vice-versa.

Então, muitos casais separam-se por causa disso?

Certamente que sim. Todo mundo, no fundo, valoriza quem tem ideias próprias.

E a Criança Passiva com outra Criança Passiva?

É a mesma coisa. Ninguém resolve nada. É como se duas crianças se encontrassem para brincar. Vai chegar uma hora em que ambas querem alguém que resolva.

Parece-me então que Criança Rebelde com Criança Rebelde dá faísca?

Sim. É quase a mesma situação de Pai Crítico com o Pai

Crítico. Uma situação bastante comum numa família é quando uma filha tem tendência a ser a Criança Rebelde e outra tem tendência a ser Criança Passiva.

O que acontece?

A irmã rebelde usa as roupas da irmã passiva sem pedir permissão e, depois de as usar, deixa-as fora do lugar, sem lavar, só para irritar a irmã passiva. Mas a irmã rebelde vira uma fera se a irmã passiva usar alguma de suas roupas. Xinga-a, grita com ela, e a passiva vai chorando contar para a mãe. A mãe repreende a rebelde. Esta fica realizada porque conseguiu, inconscientemente, seus objetivos: "Está vendo, a senhora gosta mais dela do que de mim". Nesse instante ela coloca-se como vítima e a mãe como perseguidora. Logo em seguida, depois que a mãe sai, a rebelde assume o papel de perseguidora da irmã: "Está vendo, fofoqueira, o que você fez?"

Esse parece ser um jogo muito comum entre pais e filhos.

É, e os pais normalmente entram de bobos nesse jogo. Principalmente quando o filho vai tornando-se jovem, dos 13 até mais ou menos uns 20 anos.

Nessa faixa etária tornam-se Crianças Rebeldes?

Sim, faz parte do processo. Nessa fase eles começam, inconsciente ou, às vezes, conscientemente, a contrariar os pais para criar seus próprios limites.

Lembro-me de quando tinha mais ou menos 14 anos. Saía com meus colegas e chegava tarde. Papai ficava zangado. A partir daí, sempre chegava depois da hora estabelecida por meu pai, para ver até onde ia sua raiva.

Um dia, ele fechou a porta. Lembro-me bem: era mais ou menos uma hora da manhã, gritei e chamei por mamãe, ela veio abrir a porta. Acho que eles brigaram, porque no outro dia estavam com a cara virada um para o outro.

Esse é um jogo muito comum criado pelo filho rebelde na família. Ele faz de tudo para que o pai e a mãe entrem no seu jogo. Faz-se de vítima e transforma um dos pais em perseguidor e o outro em salvador. No seu caso, você chamou sua mãe para ser salvadora, seu pai entrou como perseguidor e você colocou-se como vítima.

Isso é normal?

Acontece sempre.

É bom ou mal?

É ruim porque o jogo não tem fim. Criam-se conflitos negativos na família.

O que deve ser feito?

Os pais não devem entrar no jogo. Aconteça o que acontecer, os pais devem ter a mesma posição na frente do filho, mesmo que não seja a posição ideal no momento. Depois os dois entram num acordo sobre as próximas atitudes. O correto é agir como adulto, com bom-senso, ou seja, os pais nunca devem discutir na frente do filho.

No caso do filho rebelde deve-se então evitar agir como Pai Crítico?

Sim. Nesse caso, o Pai Crítico interno fica mais crítico ainda e o filho rebelde interno fica mais rebelde ainda. É o que se denomina de Pai Crítico negativo (PC-).

Então, às vezes, o Pai Crítico pode ser positivo (PC+)?

Pode. Isso acontece quando o adulto da pessoa libera o seu Pai Crítico para agir.

Dê um exemplo.

Por exemplo, quando o pai conversa com o filho numa boa, calmo e sereno, como adulto, dizendo: "Da próxima vez, filho, que você fizer isso, vou dar-lhe um castigo, certo?" Poucos dias depois o filho comete a mesma falha. Aí o adulto interno do pai diz para seu Pai Crítico interno: "Aja agora como Pai Crítico, dê-lhe um castigo, senão você vai perder a autoridade."

Entendi. Então o Pai Crítico interno é positivo (PC+) quando antes de surgir a emoção, nesse caso a raiva, o adulto, com seu bom-senso, aparece e determina a atitude correta a ser tomada e qual deve ser a emoção a ser demonstrada.

Perfeitamente. Para não deixar que o impulso da emoção determine qual atitude tomar, você respira fundo e conta até dez; é o tempo suficiente para chamar o seu adulto e pedir conselhos para ele perguntando: "Como devo agir?"

Isso vale também para o Pai Protetor, para a Criança Rebelde, para a Criança Passiva e para a Criança Livre?

Vale. Para que essas emoções se tornem positivas é preciso que sejam gerenciadas e liberadas pelo adulto interno. É ele quem vai dizer o que você deve ser naquele momento: Pai Crítico ou Pai Protetor, Criança Rebelde ou Criança Passiva ou então Criança Livre ou ainda o adulto. Até o adulto pode ser positivo ou negativo. Quando o adulto age fora do contexto, ou seja, quando o contexto pede uma emoção e ele age no lugar da emoção, ele torna-se inconveniente, frio e chato, isto é, torna-se um adulto negativo (A-).

Dê um exemplo do adulto interno negativo.

Pois não. Veja-se numa festa onde todo mundo está alegre, conversando, brincando, dançando, e você sério. Nesse caso, você é um adulto interno negativo (A-). Para ficar legal, seu adulto interno deve questionar-se sobre qual a maneira correta de agir (A+), e então liberar sua Criança Interna positiva (C+), dizendo: "Solte-se mais! Não fique tão sério! Vá brincar também!" Com o seu adulto interno positivo (A+) no comando, todas as suas emoções podem gozar da festa: o Pai Protetor (PP+), o Pai Crítico (PC+), a Criança Rebelde (CR+), a Criança Passiva (CP+) e, principalmente, a Criança Livre (CL+). Todos vão adorar você e achá-lo um cara legal.

Estou começando a achar que tenho um adulto interno negativo. Penso muito antes de tomar qualquer atitude e, na maioria das vezes, deixo de fazer coisas para manter uma aparência que não condiz com a realidade do contexto.

Vou contar um caso que aconteceu comigo que ilustra bem a emoção negativa. Nunca gostei que buzinassem atrás de mim no trânsito. Quando isso acontecia, o Pai Crítico negativo vinha à tona; eu xingava, fazia gestos indecentes. Um belo dia, um motorista de caminhão buzinou. Mandei passar por cima. Virgem! O Pai Crítico dele acelerou e veio com tudo. Mal deu tempo de eu jogar o carro na calçada. Amassei meu carro entre o poste e a parede. Foi aí que ele assumiu a condição de Criança Rebelde negativa, deu uma gargalhada, zombou de mim e foi-se embora. De outra feita foi um carro de passeio. Quando o motorista buzinou, meu Pai Crítico negativo não teve dúvida, veio com tudo. O cara tentava passar, eu o fechava; tentava do outro lado, e eu também o fechava;

até que o vi parar o carro e pegar algo no porta-luvas. É um revólver, eu pensei. Aí acelerei, passei o farol vermelho e dei no pé, como se diz. Hoje, quando buzinam atrás de mim, chamo meu adulto, conto até dez, analiso o que devo fazer. Na maioria das vezes, assumo minha Criança Passiva (CP+), diminuo a velocidade, encosto o carro e deixo o outro passar. Isso é agir com o adulto positivo, chamado também de adulto responsável, aquele que conta até dez, para não deixar a emoção tomar conta. Mas parece-me que fugi um pouco do assunto.

É, mas foi legal. Esse negócio de emoção tem muito a ver comigo.

Nós estávamos falando do papel da inteligência, da vontade, do livre-arbítrio e do pensamento. Lembra-se?

Sim. Lembro-me. São os cinco dons maiores que Deus deu aos homens. Quanto à inteligência, à vontade e ao livre-arbítrio, ficou claro. Estou confuso quanto ao pensamento.

TESTE SUAS EMOÇÕES

Coloque os números 3, 2, 1ou 0 no espaço em branco de cada coluna: 3, se você é sempre assim; 2, se é muitas vezes assim; 1, se raramente é assim; 0, se nunca é assim.

	A	PC	PN	CP	CR	CL
01 GOSTO DE AJUDAR OS OUTROS						
02 SOU PONDERADO NAS MINHAS ATITUDES						
03 SOU AUTORITÁRIO E CENTRALIZADOR						
04 ACHO AS PESSOAS MUITO FOLGADAS						
05 SOU CRÍTICO						
06 ACHO QUE NÃO CONSIGO AJUDAR NINGUÉM						
07 SEMPRE DIGO O QUE PENSO						
08 SOU INTRANSIGENTE NAS MINHAS IDEIAS						
09 SOU INDECISO NAS MINHAS ATITUDES						
10 FICO NERVOSO QUANDO NÃO FAZEM O QUE QUERO						
11 FALO ESPONTANEAMENTE O QUE PENSO						
12 PROCURO AGIR COM BOM-SENSO						
13 PENSO QUE CADA UM DEVE CUIDAR DE SI						
14 SOU BASTANTE EXTROVERTIDO						
15 SIGO RIGOROSAMENTE O REGULAMENTO						
16 DEMONSTRO INDIFERENÇA QUANDO NÃO CONCORDO						
17 FICO FELIZ QUANDO AS PESSOAS ESTÃO BEM						
18 COSTUMO SER IRÔNICO COM AS PESSOAS						
19 GOSTO DE ACONSELHAR AS PESSOAS						
20 AJUDO OS OUTROS QUANDO NECESSÁRIO						
21 NOS CONFLITOS, AJO COMO APAZIGUADOR						
22 EXIJO QUE PRESTEM ATENÇÃO QUANDO FALO						
23 PROCURO ENTENDER O PONTO DE VISTA DO OUTRO						
24 PREOCUPO-ME MUITO COM O QUE PENSAM DE MIM						
25 PROCURO ANALISAR BEM ANTES DE TOMAR QUALQUER DECISÃO						
26 GOSTO MUITO DE AGRADAR AS PESSOAS						
27 GOSTO DE CONTAR CASOS E PIADAS						
28 SOU BASTANTE INIBIDO						
29 SOU OBSTINADO NAS MINHAS IDEIAS						
30 GOSTO DE CANTAROLAR						
31 SOU ALEGRE E GOSTO DE BRINCADEIRAS						
32 PLANEJO ANTES DE AGIR						
33 PREFIRO NÃO SER O CENTRO DAS ATENÇÕES						
34 IRRITO-ME COM CERTA FACILIDADE						
35 RELACIONO-ME MELHOR COM PESSOAS MENOS INSTRUÍDAS OU MAIS NOVAS						
36 GOSTO DE ZOMBAR E FAZER GRACEJOS COM AS FALHAS ALHEIAS						
37 OUÇO ATENTAMENTE ANTES DE DAR MINHA OPINIÃO						
38 SOU TÍMIDO PARA EXPRESSAR-ME						
39 PROCURO SEMPRE MOTIVAR O GRUPO						
40 TENHO DIFICULDADE DE ENTROSAR-ME COM O GRUPO						
41 EM QUALQUER LUGAR SINTO-ME À VONTADE						
42 GOSTO DE RESOLVER PROBLEMAS DOS OUTROS						
Total de pontos de cada coluna						

Procure no quadro abaixo o número equivalente ao total de pontos de cada coluna do teste da página anterior e assinale um "X" na linha vertical A, PC, PN, CP, CR e CL, na altura correspondente ao mesmo número. Ligue os "Xs", fazendo um gráfico.

	A	PC	PN	CP	CR	CL	
20							↑
19							mais
18							
17							
16							
15							
14							
13							
12							
11							menos
10							
09							
08							
07							
06							
05							
04							
03							
02							↓

A=Adulto, PC=Pai Crítico, PN=Pai Natural ou Protetor, CP= Criança Passiva ou Submissa, CR= Criança Rebelde, CL=Criança Livre

ANÁLISE DO GRÁFICO

1 - Quando A está mais alto do que as letras PC, PN, CP, CR e CL é sinal de que o seu adulto tem controle de suas emoções. Quanto mais alto seu adulto, mais racional você é.

2 - Quando seu A está mais abaixo do que uma das letras referidas, é sinal de que aquela emoção foge do controle de seu adulto.

3 - A emoção mais alta na escala é aquela que é mais forte em você.

4 - Quando as emoções PC e PN estiverem abaixo da linha divisória, é sinal de que seu adulto teve pouca ou nenhuma influência dos seus educadores, sendo resultado de suas próprias experiências de vida.

5 - Quando o PC estiver mais alto do que o PN, é sinal de que seu adulto foi mais influenciado, na sua formação, pelo Pai Crítico do que pelo Pai Protetor, que podem ter sido seu pai ou sua mãe. Nesse caso, você tem tendência maior ou menor de falar mais e de ouvir menos. Costuma falar mais "não" do que "sim". É preciso aprender a ouvir mais.

6 - Quando o seu PN estiver acima do PC, é sinal de que a formação do seu adulto teve mais influência do educador que foi seu Pai Protetor. Neste caso, conforme porcentual maior ou menor na escala, você tem tendência a falar "sim". É preciso aprender a falar mais "não".

7 - Quando seu CP estiver acima da linha divisória, é sinal de que você pensa mais em você do que nos outros, conforme o grau na escala.

8 - Quando seu CP estiver abaixo da linha divisória, é sinal de que você pensa mais nos outros do que em você; conforme o grau na escala, é mais ou menos tímido.

9 - Quando seu CR estiver acima da linha divisória, quer dizer que você é mais crítico ou menos crítico com os outros, na proporção da escala.

10 - Quando seu CR estiver abaixo da linha divisória, é sinal de que você é mais crítico ou menos crítico com você, na proporção da escala.

11 - Quando seu CL estiver acima da linha, é sinal de que você é mais espontâneo e franco ou menos espontâneo e franco, dependendo do porcentual da escala, podendo ser até inconveniente brincando ou falando fora de hora.

12 - Quando seu CL estiver abaixo da linha, é sinal de que você é muito exigente com você ou menos exigente, podendo até ser muito tímido e reservado, conforme o grau na escala.

13 - O ideal é o equilíbrio, ou seja, ter todas as emoções entre os valores 10 e 13 da escala, com exceção do adulto, que deve estar sempre um pouco mais acima.

3
Formas de ser

Neste capítulo você verá como cada pessoa desenvolve uma maneira de ser. Cada um pensa, sente e age diferentemente. Cada um tem seu limite de capacidade, seus gostos e suas limitações.

Pensamento

Na realidade, o pensamento é o maior dom que Deus deu ao homem. Acontece que a maioria não percebe isso. Pensam mil coisas em questão de minutos, sem controle; o pensamento vai e vem desordenadamente. Isso é mau. É um dom desperdiçado, mal utilizado, inútil.

Parece até que você está revoltado.

Revoltado não é a palavra certa. Estou querendo que as pessoas descubram o grande dom, a grande ferramenta que Deus colocou à sua disposição.

Não sei por que você acha que o pensamento é tão importante. É mais importante do que o amor, por exemplo?

Não existe amor sem um pensamento bom.

Você está me deixando confuso com isso. Pare de florear.

O que é a fé? Você sabe?

Sei. É acreditar em algo.

Não. Isso é crença.

Para mim é a mesma coisa.

Fé é o pensamento forte. Se você pensa com intensidade em alguma coisa, essa coisa torna-se realidade. A mulher que tocou nas vestes de Jesus e ficou curada teve fé.

O que fazer para ter pensamento forte?

O primeiro passo é conseguir o controle do pensamento. Um pensamento solto é como uma linha, que você rompe com facilidade. Cinco pensamentos controlados são como cinco linhas juntas, é mais difícil de romper. É quase impossível romper um monte de linhas juntas. Assim, o controle de muitos pensamentos torna o pensamento muito forte. O pensamento muito forte chama-se fé. A fé faz milagres. Por isso, o pensamento é o dom mais forte que Deus deu ao homem. O pensamento forte faz milagres. É pelo pensamento que o homem se torna semelhante a Deus. Tudo que Deus pensa, Ele cria. Criou o Verbo (Jesus) pelo pensamento; criou o Espírito Santo; criou o Universo; criou os animais; e o ser humano à sua imagem. Através do pensamento o homem é capaz de criar. Daí o ditado "O que você pensa que pode, você pode". Da mesma maneira, "Se você pensa que não pode, você não pode", ou seja, "Você é resultado do seu pensamento". O que falta para o ser humano é pensar com intensidade, é ter fé. Nem ele mesmo acredita nisso.

Você está exagerando, não acha?

Não. Se você pensa que trabalhando nunca vai ficar rico, você nunca vai ficar rico trabalhando. Se você pensa que não vai conseguir aquele emprego, não vai conseguir aquele

A fé é pensamento forte. A fé move montanhas.

emprego. Se você pensa que não vai tirar boa nota na prova, não vai tirar boa nota na prova. Se você pensa que quase ninguém gosta de você, quase ninguém gosta de você. Se você pensa que para ganhar dinheiro tem de trabalhar duro, você tem de trabalhar duro para ganhar dinheiro.

Tem um exemplo prático?

Lembra-se da pessoa de 120 quilos que foi levantada com dois dedos porque mudou o pensamento para 60 quilos? Você pode fazer esse teste. Outro teste é levantar uma pessoa de 60 quilos fazendo-a pensar que está com 120 quilos. Exemplo: Coloque uma pessoa magra de pé. Diga para ela dobrar os braços. Tente levantá-la pelos cotovelos. É fácil. Repita o exercício mandando-a pensar que está muito pesada (120 quilos) ou que está grudada no chão e que vai ser difícil levantá-la. Tente levantá-la e veja a diferença.

É possível emagrecer pensando com intensidade?

Para emagrecer de verdade é preciso fazer uma programação mental. Ninguém emagrece mais de 3 quilos por dia, porque a constituição física não permite, a natureza não permite. Então, para emagrecer de verdade utilizando o pensamento, é preciso respeitar a lei da natureza. É preciso fazer uma programação mental, e a programação mental leva tempo, um mínimo de seis meses. Ou seja, se você pesa tantos quilos hoje, veja-se pesando X quilos a menos, seis meses depois, em determinado dia e horário. Crie um ritual para reforçar o pensamento. Veja-se na balança. Veja o ponteiro da balança apontando X quilos. Sinta-se com X quilos. Ouça-se afirmando "Que bom! Estou com X quilos". Se você repetir o ritual algumas vezes, com pensamento forte, pode despreocupar, a sua natureza e o Universo farão o resto.

Nossa! Nunca pensei que o pensamento fosse tão importante assim. Eu penso mil coisas por minuto. Minha cabeça sempre está a milhão por minuto. Vou ter de exercitar mais a meditação, pois é através dela que eu controlo o pensamento, não é mesmo?

É, pelo relaxamento você domina o corpo e deixa a mente livre. Pela mentalização você consegue o domínio da mente e pela meditação você conduz o pensamento para onde quiser.

Programação de vida

Você se referiu à programação de vida, o que vem a ser isso?

Por programação de vida entenda programação mental. Sua vida está programada e você é resultado da programação.

Deixo de ser gente e passo a ser um computador?

Não ironize. A verdade é que você age, pensa e sente conforme seus programas. O conjunto desses programas forma seu sistema de vida. A qualidade de seus programas determina sua qualidade de vida, seus valores e sua capacidade.

Isso quer dizer que uma pessoa é boa ou má conforme seus programas mentais?

Sim. E independentemente de ser boa ou má, ela pode ter mais capacidade ou menos capacidade conforme seus programas.

Se ela é mais segura ou menos segura, mais corajosa ou menos corajosa, mais atirada ou menos atirada, tudo isso é resultado de seus programas?

Sim. Na mesma família há diferentes tipos de pessoas, alguns mais extrovertidos, outros mais introvertidos; uns mais seguros, outros mais inseguros, porque os programas mentais são diferentes.

Nós nascemos com os programas ou eles vão sendo feitos com o passar do tempo?

Na realidade o bebê nasce com programas biofísicos, que são os necessários para sua sobrevivência, como, por exemplo, respirar, digerir, e outros. Porém, nasce sem os programas sociais, que são aqueles necessários para viver em sociedade. Esses ele precisará desenvolver.

Isso quer dizer que o recém-nascido tem de aprender a desempenhar seu papel na sociedade?

Pode-se dizer que sim. Podemos imaginar que o mundo social é uma grande peça em que cada indivíduo representa um determinado papel. Essa grande peça está montada por cenas. Cada momento da vida e cada contexto é uma cena.

Isso até que é legal. Se meu papel na cena não estiver enquadrando-se no contexto, posso preparar-me melhor para a cena seguinte.

Perfeitamente. Na vida tudo passa, as cenas passam. Se você estiver triste e chateado, saiba que é somente uma cena; na próxima cena você poderá estar feliz. E o bacana é que, se for inteligente, você mesmo pode preparar o *script* da nova cena.

É um sonho lindo! Depende de mim desempenhar um papel maravilhoso ou não no palco da minha vida.

É sonho que pode tornar-se realidade, só depende de você. Depende de como sua inteligência é usada para escrever seu novo script. Já vimos que Deus deu a inteligência às pessoas para que elas visualizem os caminhos, escolham o seu e, assim, realizem a caminhada. A inteligência, a vontade e o livre-arbítrio foram dados ao homem para que ele seja feliz.

Tudo soa bonito, porém, enquanto somos pequenos, não temos parâmetros para usar nossa inteligência.

É verdade. Enquanto pequeno, os seus programas sociais, ou, se preferir, os seus scripts, são formados pelo contexto em que você vive. É o contexto, ou seja, o ambiente em que você vive, que formará a base da sua vida futura.

O que se entende por contexto?

Contexto é tudo que, de alguma forma, pode enviar mensagens para sua mente; por exemplo, a família em geral, os colegas, a sociedade, a religião, a escola. Tudo isso fornece para sua mente dados que poderão ser utilizados ou não, futuramente, no seu script de vida.

Os pais não são os únicos responsáveis pelo futuro dos filhos?

Os pais devem ser os primeiros responsáveis, pois cabe a eles zelar para que os meios de convivência do filho sejam os melhores possíveis. Cabe aos pais também a tarefa de analisar de perto como os filhos estão sendo influenciados.

Então, somos resultado de programas mentais, formados a partir de informações provenientes do contexto em que vivemos?

Fala-se de programas mentais, mas o correto seria dizer programas cerebrais.

Por quê?

Para entender o porquê, é necessário entender o que é cérebro e o que é mente, e também qual é o papel do cérebro e da mente.

Então, o que é cérebro e o que é mente?

O cérebro é algo físico, uma massa composta por milhares de neurônios. O cérebro pode ser tocado, sentido, machucado, operado.

E a mente?

A mente é intangível, sem forma, sem espaço, algo que não se pode tocar, nem ver.

O cérebro e a mente são iguais em todas as pessoas?

Não, são diferentes. O cérebro da mulher, por exemplo, é alguns centímetros menor do que o dos homens. Isso, porém, não significa que sejam menos inteligentes, pelo contrário.

Por que pelo contrário?

Se eu pedir para você citar alguns artistas homens que sofreram desastres e traumatismos cranianos, perdendo a fala e os movimentos, você citará facilmente algumas pessoas.

Osmar Santos, Flávio Silvino, Gerson Brenner.

Agora, procure citar uma mulher.

Não me lembro de nenhuma.

Pois é, o cérebro da mulher tem um poder de recuperação maior. Alguns estudiosos dizem que as mulheres têm dois centros de fala, um no hemisfério esquerdo e outro no direito.

Por isso falam mais?

Não sei, talvez.

Ponto para elas.

Estudos mostram também que a ligação entre os hemisférios racional e emocional é mais larga na mulher. Isso quer dizer que elas têm mais equilíbrio entre a razão e a emoção do que os homens; quer dizer também que, normalmente, o homem é ou mais racional ou mais emocional.

Pode citar um exemplo?

Veja o caso de um rapaz que é abandonado pela namorada por quem é apaixonado. Se ele é mais racional, ou seja, trabalha mais com o hemisfério esquerdo, a tendência é ele revoltar-se, podendo até ficar agressivo; tentará fazer de tudo para não perdê-la. Porém, se ele trabalha mais com o hemisfério direito, ou seja, se ele é mais emocional, a tendência é ficar mais deprimido, podendo até refugiar-se na bebida.

E se acontecer o inverso? O namorado abandonar a namorada e ela for apaixonada?

Como a namorada, geralmente (nem sempre), trabalha com mais equilíbrio entre os hemisférios esquerdo e direito, se é apaixonada, vai sofrer também; mas a tendência é alternar momentos mais curtos de extrema emoção e extrema razão, o que fará com que, em menor espaço de tempo, supere o trauma.

É por isso que o homem tem mais dificuldade em superar uma traição?

É provável. O homem, geralmente, tem menos equilíbrio emocional que a mulher. Outro exemplo é quando o marido abandona a mulher com filhos pequenos. Normalmente, a mulher consegue criar e formar os filhos, superando mil obstáculos.

É verdade. Eu conheço um caso assim. Conheço também um caso em que a mulher morreu e deixou o marido com um filho pequeno. Ele tratou de casar logo para livrar-se da responsabilidade de educar o filho sozinho.

Não é preciso pensar muito para achar mil exemplos. Também tem exceções.

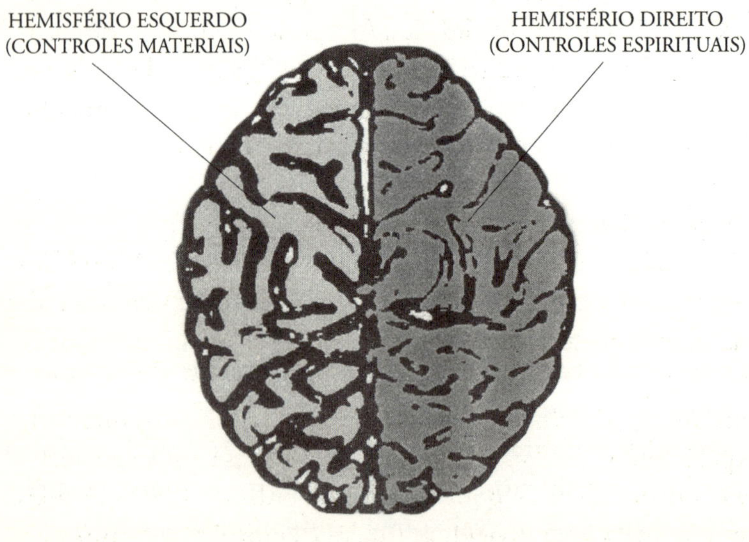

O cérebro trabalha com dois hemisférios. Cada um tem uma função.
É como se houvessem dois cérebros, um para cuidar da sua vida terrena e outro para cuidar da sua vida espiritual.

O fato de as mulheres terem mais equilíbrio entre os dois hemisférios explica por que elas estão superando os homens em algumas funções que antes eram só masculinas?

Eu costumo brincar que, antigamente, os homens eram mais espertos que os homens de hoje, porque não deixavam as mulheres trabalhar fora, queriam que elas só ficassem em casa. Hoje, os maridos liberaram as mulheres e elas estão assumindo funções cada vez mais importantes, deixando os maridos para trás. A autoridade masculina está em declínio.

Você disse que as mulheres têm cérebro menor. Isso não é uma contradição?

Não; nada a ver. Assim como o tamanho do frasco nada tem a ver com a qualidade do perfume, o tamanho do cérebro nada tem a ver com suas qualidades. Até pouco tempo se questionava a relação tamanho do cérebro/inteligência de Einstein. Hoje, sabe-se que o cérebro de Einstein tinha um tamanho normal. O que o diferenciava eram suas funções.

Como assim, funções do cérebro?

Estudos demonstram que o cérebro trabalha com módulos denominados de quadrantes. Einstein trabalhava mais com os quadrantes posteriores. Por isso era muito analítico, racional, lógico, gostava de encontrar soluções para tudo e, ao mesmo tempo, era criativo, inovador, pesquisador, curioso, gostava de experimentar e de criar situações novas. Essas são características dos quadrantes posteriores, esquerdo e direito. O mais interessante é que essas duas funções eram tão marcantes no cérebro de Einstein que quase não existia separação entre esses quadrantes.

Nunca tinha ouvido falar disso.

Na realidade, é muito interessante. Vou dizer alguma coisa, mas é importante você mesmo procurar ler mais sobre isso. Se tiver interesse, lógico.

Quadrantes cerebrais

Segundo alguns estudos, para efeito de melhor compreensão das características comportamentais, as pessoas podem ser enquadradas em quatro tipos diferentes, com base nos quadrantes cerebrais em que atuam com maior ou menor intensidade.

Indivíduos pré-ativos – quadrante esquerdo posterior. São pessoas com foco na lógica. São analíticas, racionais, inteligentes, introspectivas, ponderadas, sabem o que querem, realistas, pensam antes de agir, só agem com certeza, seguras, minuciosas, perfeccionistas. Nos seus extremos, podem ser inseguras, indecisas, porque precisam ter certeza para agir, ou procrastinadoras. Profissionalmente, têm perfil para serem cientistas, pesquisadores, engenheiros, projetistas, matemáticos, investidores, propagandistas.

Indivíduos proativos – quadrante direito posterior. São pessoas com foco no resultado. São experimentais, desbravadoras, obstinadas, correm riscos, ousadas, aventureiras, autoconfiantes, pioneiras, inovadoras, empreendedoras, objetivas, persistentes, competidoras, exigentes, decididas. Nos seus extremos, podem ser arrogantes, mandonas ou centralizadoras e egoístas. Profissionalmente, têm perfil para áreas de criação, artes, pintura, arquitetura, projetos, laboratórios, marketing, vendas; têm tendência a ter seu próprio negócio.

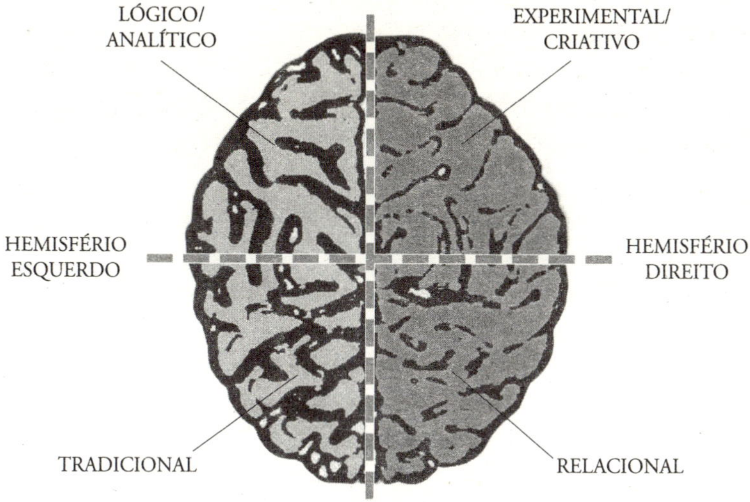

Indivíduos reativos – quadrante esquerdo anterior. São pessoas com foco nas regras. São operacionais, gostam de seguir regras, instruções, tradição; são organizadas e perfeccionistas dentro do que é preestabelecido; seguem padrões; são superefícientes. Nos seus extremos, podem ser acomodadas ou muito metódicas e submissas. Profissionalmente, têm perfil para serem engenheiros, cirurgiões, financistas, líderes de processos.

Indivíduos relacionais – quadrante direito anterior. São pessoas com características voltadas para o humano. Relacionais prezam ambiente amigável, preocupam-se com os colegas de trabalho; procuram ser agradáveis; gostam de trabalhar em equipe. Nos seus extremos, podem ser indecisas, muito boazinhas ou cordatas. Profissionalmente, têm perfil para áreas de humanas, propaganda, promoção, gerenciamento de pessoas, seleção e áreas afins.

Qual desses tipos é melhor? Qual tem mais capacidade?

Capacidades

Não existe tipo melhor ou pior. Cada tipo tem características de excelência para desenvolver determinadas funções.

Para uma empresa não seria melhor, por exemplo, o tipo pré-ativo?

Só pré-ativos? Não. Veja o que aconteceria. Se todos os funcionários fossem pré-ativos, todos estariam preocupados em analisar o mercado, em calcular as tendências, em planejar novos lançamentos, em procurar alternativas para produzir mais. Haveria muitas ideias e pouca prática. Como resultado, poderia haver muitos tipos de produtos no papel, mas pouca produção e pouca venda.

Por quê?

Porque não haveria quem fabricasse, quem colocasse a mão na massa, quem vendesse e quem entregasse. Além do mais, o relacionamento deixaria muito a desejar. Faltaria, por exemplo, o espírito de equipe.

Isso quer dizer o quê?

Quer dizer que numa empresa é melhor ter pessoas de todos os quadrantes e, se possível, colocar cada pessoa naquela função que corresponda melhor ao perfil de seu quadrante dominante. Com isso se criaria um belo time, uma equipe dinâmica e ágil. No contexto atual, a empresa que tem mais sucesso não é a maior ou a mais bem-equipada, mas a empresa mais ágil.

As pessoas com o mesmo perfil dominante têm as mesmas características?

Não. A intensidade varia. A intensidade depende do percentual de equilíbrio que a pessoa possui com a mistura de características de outros quadrantes.

Então, não existe pessoa que aja exclusivamente com um quadrante?

Não, mesmo porque, se existisse, essa pessoa não conseguiria viver na sociedade; seria considerada totalmente louca. Uma pessoa com quadrante dominante muito forte já é um sério candidato para o stress ou para a depressão, para possíveis problemas psicológicos, emocionais ou mentais.

Isso quer dizer que o tipo ideal de pessoa ou de profissional é aquele que tem equilíbrio entre os quadrantes?

Perfeitamente. Principalmente para ser um chefe, gerente ou diretor, porque, nesse caso, terá mais facilidade de entender o perfil e o potencial de seus subordinados para cobrá-los e incentivá-los com mais propriedade.

Entendi. Isso melhoraria a eficácia e a eficiência de uma empresa.

Não só da empresa, melhoraria também a convivência dos membros de uma família ou comunidade.

Eu posso melhorar o equilíbrio entre meus quadrantes?

Não só pode como deve.

E o que devo fazer?

Primeiro, deve descobrir quais seus dois quadrantes dominantes e quais seus dois quadrantes mais fracos.

Por que dois quadrantes?

Porque na maioria das vezes é isso que acontece. A maior parte das pessoas trabalha com dois quadrantes mais fortes. O ideal é trabalhar com o equilíbrio entre os quatro quadrantes, mas isso já é mais difícil acontecer. Devemos fazer de tudo para chegar lá, e uma das dicas é essa que lhe estou passando.

Descobrir quais os dois quadrantes mais fracos?

Sim, e procurar trabalhá-los para chegar num equilíbrio.

Estou curioso por conhecer meus quadrantes.

Então vamos ao teste.

TESTE DOS QUADRANTES

Analise cada questão e preencha o quadradinho A, B, C ou D, que está em branco, com os números 3, 2, 1 ou 0.
Se você acha que é sempre assim, coloque o número 3.
Se você acha que é muitas vezes assim, coloque o número 2.
Se é raramente assim, coloque o número 1.
Coloque 0, se acha que nunca é assim.

QUESTÕES	A	B	C	D
01 PENSO MUITO ANTES DE AGIR				
02 GOSTO DE AGIR COM REGRAS BEM DEFINIDAS				
03 GOSTO DE AGIR ACOMPANHADO				
04 GOSTO DE FAZER PARA VER COMO FICA				
05 SÓ FAÇO SE TENHO CERTEZA				
06 COSTUMO OUVIR OS OUTROS ANTES DE AGIR				
07 GOSTO DE REFLETIR ANTES DE RESPONDER				
08 PROCURO SER PONTUAL				
09 GOSTO DE MUDAR E DE INOVAR				
10 GOSTO DE TESTAR NOVAS MANEIRAS DE FAZER				
11 SOU EXTROVERTIDO, COMUNICATIVO				
12 GOSTO DE AGIR SEMPRE DA MESMA FORMA				
13 PROCURO FAZER COMO DEVE SER FEITO				
14 GOSTO DE ANALISAR ANTES DE AGIR				
15 PROCURO ENTENDER OS OUTROS				
16 SOU CRIATIVO E INOVADOR				
17 GOSTO DE AGRADAR AS PESSOAS				
18 PROCURO UMA FORMA MAIS SEGURA DE AGIR				
19 IMAGINO O QUE PODE SER MELHORADO				
20 GOSTO DE SEGUIR REGRAS DEFINIDAS				
21 GOSTO DE TESTAR MINHA CAPACIDADE				
22 SOU RACIONAL NAS MINHAS DECISÕES				
23 IMAGINO SOLUÇÕES QUE OUTROS NÃO ENXERGAM				
24 VALORIZO O ESPÍRITO DE EQUIPE				
25 GOSTO DE EXPERIMENTAR NOVAS MANEIRAS DE FAZER				
26 SOU EXIGENTE COMIGO E VERIFICO TUDO QUE FAÇO				
27 GOSTO DE AJUDAR MEUS COLEGAS				
28 GOSTO DE AGIR COM REGRAS BEM DEFINIDAS				
Total de pontos de cada coluna				

A - Você trabalha com o quadrante esquerdo posterior; é lógico, analítico, crítico (pré-ativo).

B - Você trabalha com o quadrante esquerdo anterior; é regrado, certinho, organizado (reativo).

C - Você trabalha com o quadrante direito anterior; é relacional, amigo, altruísta (relacional).
D - Você trabalha com o quadrante direito posterior; é criativo, experimental, inovador (proativo).

O ideal é o equilíbrio entre os quadrantes. Normalmente, dois quadrantes são mais fortes e determinam suas características marcantes. O mais importante é conhecer quais são seus dois quadrantes mais fracos para trabalhá-los e chegar a um equilíbrio ideal.

Se seus quadrantes fortes forem A e B, você tende a ser uma pessoa realista, pé no chão.

Se forem os quadrantes C e D, você tende a ser mais sensível, mais emotivo.

Os quadrantes C e B indicam uma pessoa que valoriza o trabalho de equipe e muito responsável.

Os quadrantes D e A indicam uma pessoa analítica, inovadora, que visa o resultado antes de tudo.

Segunda parte
Relacionamento entre pessoas

Para entender bem a segunda parte deste livro, é importante relembrar alguns conceitos: *Você é especial. Nunca existiu, não existe e nunca vai existir outra pessoa com a mesma impressão digital, o mesmo coração, a mesma mente. Você foi escolhido para ser sócio de Deus.*

4
Estrutura mental

Para entender bem este capítulo é necessário ter mente aberta e aceitar que muitas coisas podem ser diferentes daquelas que você sempre achou corretas. É necessário estar disposto a quebrar paradigmas.

Personalidade

O que acontece com a gota de água que é colocada num copo de leite?

Sua essência mistura-se com a essência do leite a ponto de tornar difícil separá-la.

Assim também acontece com o bebê recém-nascido. Ao nascer, ele identifica-se às pessoas da família e, conforme vai crescendo, deixa-se impregnar pela essência do pai, da mãe e dos irmãos. Vai deixando de ser um pouquinho dele mesmo para adequar-se aos outros, ou seja, vai perdendo a naturalidade, vai adquirindo vícios, traumas e limitando a sua capacidade. Para se dar bem com o pai, adquire uma máscara; para se dar bem com a mãe, coloca outra máscara, e para se dar bem com cada irmão ou irmã, coloca máscaras diferentes.

Vai ficando mascarado?

Máscara em grego é *persona*. O novo ser vai adquirindo personalidade. Personalidade é a maneira própria e individual de cada ser relacionar-se e de comportar-se socialmente.

Ao nascer, o bebê identifica-se com as pessoas da família
e, conforme vai crescendo, deixa-se impregnar pela essência
do pai, da mãe e dos irmãos.

O que quer dizer pessoa mascarada?

Pessoa mascarada é aquela que usa máscaras fictícias, que não correspondem à sua essência. Aquela que aparenta uma essência que não é a sua. Costuma-se dizer que uma pessoa mascarada não tem personalidade. Personalidade tem a pessoa transparente, que sabe relacionar-se bem com todos, sem perder a essência; é natural, transparente. Ela mostra-se como realmente é, sem criar atritos com as outras pessoas.

Mente

Para entender o processo do relacionamento entre pessoas é importante entender bem o papel da mente e o papel do cérebro.

Sobre isso você já falou.

Já. Então, na sua opinião, quem veio primeiro, a mente ou o cérebro?

A galinha ou o ovo? Não sei. Penso que é o cérebro.

Vamos filosofar um pouco. Em que momento o indivíduo começa a existir?

Ora essa, no momento da concepção.

Certo. No momento da concepção, o novo ser já começa a ter as regalias de um novo ser, passa a ser parte de um sistema universal e a ter direitos a todas as informações desse sistema, necessárias para sua identificação. Assim como cada gota do oceano tem sua identidade no oceano, o novo ser deverá ter sua identidade no Universo. O que vai identificá-lo como um novo ser é um conjunto de informações próprias, que passarão a ser só dele, e que ele vai ampliando constantemente.

É isso que se chama alma?

Nada a ver. Alma é o que vai identificar o novo ser como divino, semelhante ao Criador. Nós estamos falando da identificação dele como ser humano.

E o que o identifica como ser humano não é o cérebro?

Não, porque o cérebro só vai começar a existir, como cérebro, cerca de cinco semanas depois da sua concepção.

O que é então?

É a mente. A mente é como se fosse um espaço invisível no Universo, reservado para esse novo ser. Esse espaço é dele por direito e é nesse espaço que vão ficar armazenadas as informações que vão identificá-lo e qualificá-lo como um ser especial e diferente.

Deixe-me ver se entendi. O papel da mente é coletar e armazenar informações que individualizam a pessoa, tornando-a única e especial no sistema universal.

É isso mesmo. Informações boas ou más. Podemos até imaginar que há diferença entre um indivíduo gerado com amor e outro gerado com agressividade.

Mas o nenê não tem culpa.

Não se trata de ter ou não ter culpa. Certamente nossa visão de culpa é diferente da visão de culpa do Criador. Deus tem Seus planos. Mas não é nosso objetivo considerar isso agora.

A alma e a mente são a mesma coisa?

A alma é aquilo que identifica a pessoa como ser divino. Nós estamos falando de algo que identifica a pessoa como ser humano, mesmo depois da morte.

E onde fica a mente?

Como não é matéria, não ocupa um lugar específico. Ela está no indivíduo como um todo, é o indivíduo. Existe na mínima parte da pessoa, que é a célula.

É por isso que se pode clonar um ser vivo a partir de uma única célula?

Cada célula contém todas as informações referentes à estrutura física do ser. Ainda não é possível saber que tipos de informações a célula pode conter referentes ao caráter e à personalidade. É por isso que clonar pessoas é ainda um risco muito alto, porque conter informacões é uma coisa, processar informações é outra coisa; processar é papel do cérebro.

É. Esse negócio de mente é muito complicado. Não consigo entender bem.

Você e o resto da humanidade não conseguem entender bem. A mente é como se fosse um técnico de futebol, que orienta dois times, denominados *razão* e *emoção*. O campo é o cérebro. A mente (técnico) tem de passar informações para os dois times processarem. O jogo tem de terminar empatado. Se a *razão* ganhar, a pessoa ficará muito racional, viverá do passado ou do futuro. Se a *emoção* ganhar, a pessoa ficará lamentando-se no presente. Com o empate, a *razão* e a *emoção* andarão de mãos dadas e a pessoa será feliz.

Resumindo: o papel da mente é coletar e armazenar informações boas ou más que poderão ser ou não utilizadas depois pelo indivíduo. Certo?

Certo.

E o papel do cérebro?

O papel do cérebro

Já falei sobre o cérebro.

Já falou do cérebro, mas não do seu papel.

Bem. Não é suficiente ter e armazenar informações. Se existem informações, elas precisam ser utilizadas. Para serem utilizadas, elas precisam ser compiladas e processadas para adquirirem um sentido e terem utilidade. Esse é o papel do cérebro.

Vamos ver se entendi. Desde o instante da concepção, o novo ser começa a receber informações. Essas informações são armazenadas na mente. Depois de algum tempo, o cérebro fica pronto e começa a agir, começa a buscar informações na mente. E aí? O que ele vai fazer com essas informações?

Lembra-se do que dissemos antes, que o Criador colocou inteligência no cérebro?

Sim, lembro-me.

Então, com inteligência, o cérebro seleciona algumas informações, processa essas informações e faz um programa para agir. A pessoa só age com base em programas.

Confesso que estou boiando.

Simples. Você tem um filho de três anos, não tem?

Tenho, e daí?

Com quantos anos seu filho começou a andar?

Mais ou menos com 11 meses.

Então veja o que aconteceu. Ele via você andar e via sua esposa andar. Essas informações iam para a mente. Um dia, ele começou a querer fazer como vocês e andar também, começou a imitar vocês. No esforço de fazer a mesma coisa, pegava informações na mente e jogava no cérebro. O cérebro foi agrupando essas informações numa certa ordem; como resultado, ele começou a engatinhar. Depois, ele quis ficar de pé para andar. Segurava na cadeira e caía, tentava de novo e caía; com isso o cérebro foi captando mais informações e compilando. Vendo o esforço dele, você e sua esposa ficavam cada um de um lado e o incentivavam: "Vem filhinho, vem!" Ele, indeciso no começo, foi criando coragem. Nisso, o cérebro dele foi compilando as informações, até fazer um programa para andar. Com o passar do tempo, ele foi aperfeiçoando esse programa, e hoje ele corre pela casa, pela rua, sem pensar, não é verdade?

É. E como corre!

A mesma coisa aconteceu na hora de aprender a comer. Seu filho come sozinho?

Sim.

Veja o que aconteceu.

No começo você tinha de dar comida para ele. Depois, vendo você comer, ele começou a imitá-lo; querendo comer sozinho, se lambuzava todo, batia com a colher no nariz etc. Com isso, o cérebro dele foi captando informações e formando um programa para comer. Aos poucos, foi aperfeiçoando esse programa e hoje seu filho alimenta-se até no escuro, sem errar a boca.

Então somos resultado de programas?

Sim. Tudo que fazemos com facilidade vem de um programa no nosso cérebro, cria-se um hábito. A maior ou menor facilidade depende da qualidade desses programas. Tudo que é impossível ou difícil advém do fato de o programa não ter sido feito ou de ter sido malfeito.

Como assim?

O cérebro e seus programas

Em princípio, o cérebro é "burro". Ele pode ser passivamente conduzido, condicionado, sugestionado. É o caso da hipnose. Quando eu digo para você: "Pense num limão-galego, veja o verde da casca, corte-o pela metade, esprema uma das partes na língua, sinta o azedo na boca", seu cérebro não vai separar o real do irreal. Vai sentir como se realmente houvesse um limão. Houve então uma interferência nos programas de seu cérebro.

Aonde você que chegar com isso?

Quero dizer que o cérebro tem a função de armazenar e executar programas, porém quem comanda é a mente. O ser humano é um sistema dinâmico formado por um conjunto dos mais variados programas – programas biológicos e programas sociais. Aliás, até já falamos sobre isso. Programas biológicos são aqueles necessários para a vida, como os que formam os sistemas respiratório, digestivo, circulatório, e outros. Os programas biológicos já desenvolvem-se no útero materno, o bebê já nasce com eles.

Falou. E os programas sociais, o indivíduo tem de desenvolver, certo?

Isso. O nenê vê os pais andando e quer imitá-los. Cai e levanta-se, cai de novo e levanta-se, até que se forme o programa de andar, aí ele não precisa mais pensar para andar. A mesma coisa acontece com o processo de comer. O filho vê os pais comendo e resolve imitá-los. No começo se lambuza todo; nesse processo, o cérebro vai captando informações armazenadas na mente e, aos poucos, forma o programa de comer. Com o programa pronto ele pode comer até no escuro. Tudo que fazemos na vida é resultado de programas. Andar de bicicleta, dirigir carro, dançar.

E quem não sabe andar de bicicleta?

Se você perguntar para uma pessoa que não sabe andar de bicicleta se ela sabe como andar de bicicleta, ela vai responder que sabe e que é até capaz de escrever um livro sobre esse assunto.

Por quê? Onde estão as informações que ela tem?

Estão na mente, não foram para o cérebro. Só quando ela começar a tentar andar de bicicleta é que o cérebro será obrigado a buscar informações na mente para formar um programa. Com a repetição dos treinos, o cérebro dela pode processar um programa tão bom que ela poderá participar de uma competição e até ser campeã.

É por isso que todos que querem participar de uma competição têm de treinar?

Perfeitamente. Até Pelé tinha de treinar para melhorar sua *performance* com a bola. O time de futebol tem de treinar para fazer um programa de conjunto. Todos os competidores de todas as competições têm de treinar.

E sempre vence o mais bem-treinado.

É isso aí. Nós somos resultado dos nossos programas. Pessoas com programas malfeitos são inseguras, tímidas, medrosas, ou até mesmo agressivas. Agressividade, na maioria das vezes, é resultado de insegurança, de medo. Pessoas com programas bons são pessoas seguras, confiantes. E, finalmente, pessoas com programas muito bons são pessoas mais seguras, mais positivas e confiantes.

Bem. O papel do cérebro é então fazer os programas que determinam a forma como a pessoa é, sente e age. É isso?

Sim. Isso determina sua capacidade

Formação da capacidade

Podemos dizer que a capacidade da pessoa depende da qualidade de seus programas. Quanto melhor for a qualidade geral de seus programas, ou melhor dizendo, do conjunto de seus programas, portanto de seu sistema, mais capacitada é a pessoa.

Mas como se explica que uns tenham pouca capacidade para uma coisa e muita capacidade para outra?

Isso quer dizer que a mesma pessoa pode ter programas muito bons e também programas menos bons. Naqueles programas de qualidade inferior a pessoa é menos capacitada e vice-versa.

E uma pessoa que nasce e cresce num contexto ruim, necessariamente vai ser ruim, porque vai criar apenas programas ruins?

É importante lembrar que os programas são elaborados a partir de informações contidas na mente. Informações que o indivíduo capta do ambiente, através dos sentidos; mas não se pode ignorar que a maneira de captar essas informações varia, de indivíduo para indivíduo, conforme a utilização que faz da inteligência, da vontade e do livre-arbítrio, que são dons comuns a todas as pessoas.

Mas nem todas as pessoas são inteligentes.

Existem vários tipos de inteligência. Nesse caso, não é importante se o indivíduo tira notas boas na escola, nem se fala e escreve bem. O que importa é aquela inteligência que o faz perceber que ele é especial, diferente, e que, portanto, deve ter seu próprio caminho de ser feliz. O ser humano é criado para ser feliz. Para que isso seja possível, recebeu uma inteligência para analisar os diversos caminhos e escolher o seu; recebeu também uma vontade própria, para poder perseverar no caminho, e ainda recebeu o livre-arbítrio, para que não possa culpar ninguém, sendo o único responsável pelos seus sucessos ou fracassos.

É fácil culpar os outros.

É o que mais sabemos fazer, culpar para desculpar-se. Como na história do frei reclamão.

Que história?

Certo frei reclamava que sua cruz era muito pesada. Rogava a Deus que lhe aliviasse a cruz. Um dia, Deus resolveu atendê-lo. Chamou-o e lhe mostrou todas as cruzes do mosteiro.

"Escolha a sua", disse-lhe Deus.

"Posso mesmo?", perguntou o frei.

"Ora, não é isso que tanto me tem pedido? Escolha."

Analisando as cruzes, o frei concluiu: "Essa grande deve ser a minha, quero aquela pequenininha lá do canto. Certamente é do frei João, ele está sempre sorrindo e cantando, quero ver quando ele estiver com a minha cruz. Já escolhi, Senhor."

"Tem certeza de que é essa mesma que você quer?", perguntou-lhe Deus.

"Por quê? Não pode?", respondeu o frei.

"Poder, pode, mas essa já era a sua", esclareceu o Senhor.

"Mas, e aquela grande, de quem que é?", perguntou o frei sem entender.

"A grande", respondeu Deus, "é a do frei João."

É, cada um acha que sua cruz é a maior de todas.

A felicidade não depende do peso, depende de como se carrega o peso.

Por isso cada um tem de fazer a sua parte, e não ficar olhando a parte do outro.

Cada um deve fazer a sua parte, e não ficar preocupado em fazer a parte do outro, em viver a vida do outro, deixando a sua de lado.

Se todos fizessem a sua parte, o mundo seria diferente.

É. E muitos culpam até Deus, como na história do jardineiro.

Outra história?

É. E é ilustrativa. Um padre, fazendo a caminhada habitual depois do almoço, parou do lado de fora da cerca de uma linda chácara, cheia de flores, e puxou prosa com o jardineiro:

"Meu amigo, que linda obra de Deus."

"Pois é, padre", disse o jardineiro, "mas quando Deus cuidava sozinho desse terreno, ele era só mato."

Gostei. Resumindo, a verdade é uma só. Por causa do dom da inteligência, do dom da vontade e do dom do livre-arbítrio, só eu, unicamente eu, sou o responsável por meus atos. Deus já fez a parte Dele, cabe a mim fazer a minha. Posso até permitir que Ele me ajude, mas não posso ficar de braços cruzados. É isso?

Perfeitamente.

E no meu caso, que já tenho mais de trinta anos? Os programas já estão prontos. Sou resultado desses programas. Posso reprogramá-los?

Reprogramação

Os programas estão sendo continuamente renovados e modificados porque o cérebro é inteligente e está sempre em ação, compilando novas informações.

Mas se eu quiser deletar um programa, modificá-lo ou mesmo fazer um programa diferente, posso?

Já falamos sobre isso. Pode, mas ninguém muda ninguém. Somente a própria pessoa pode mudar a si mesma, para melhor

– Que linda obra de Deus!
– É, mas quando Deus cuidava dela sozinho, era só mato.

ou para pior. Para mudar, primeiramente é preciso saber como se está; e em seguida, como se quer ficar; mas isso não basta, é preciso querer mudar e usar o instrumento de mudança.

O instrumento é o pensamento?

Perfeitamente. Tudo que você pensa com intensidade é uma ordem para o cérebro e ele se encarrega de executar. Pensamento forte é o mesmo que fé. O que você acredita acontece. Como foi dito pelo mestre Jesus: "Sua fé pode mover montanhas."

Será que funciona mesmo?

Aí já não funciona. Falta fé. "Acho", "penso", "será", "talvez", "vou tentar", "farei o possível" são expressões de falta de fé. Em outras palavras, são manifestações de seus paradigmas.

Paradigmas? Já ouvi falar muito de paradigmas, confesso que não sei bem o que é.

Paradigmas

Os melhores dicionários definem paradigma como: "regras e padrões de comportamento". O certo ou o errado são predeterminados por regras ou padrões morais, éticos, jurídicos, sociais. Para os criadores de paradigmas, como família, sociedade, governo, religião, o indivíduo estará certo se seguir seus paradigmas (regras e padrões) e estará errado quando agir fora dessas regras e desses padrões.

Existem outras maneiras de definir paradigmas?

Existem várias maneiras. Paradigma:

– É tudo o que limita sua capacidade.

– É a extensão de sua capacidade.

– É a qualidade de seus programas.

– É o tamanho da sua crença.

– É a somatória de seus traumas e suas limitações.

O fácil, o possível, é aquilo que está dentro de sua capacidade, portanto dentro de seus paradigmas. Para Thomas Khun, as pessoas podem ser classificadas em criadores de paradigmas, pioneiros de paradigmas e colonos. Seria criadora aquela pessoa que tem uma ideia, mas que não a coloca em prática. Pioneiros são aqueles que executam as ideias, sejam próprias ou de outros. Muitas vezes, você teve a ideia de fazer alguma coisa, mas não a fez ou demorou a fazê-la; quando deu conta, alguém já a havia colocado em prática. Nesse caso, você foi um criador e o outro foi um pioneiro. Colonos são todos aqueles que utilizam a ideia colocada em prática pelo pioneiro. Nós somos colonos do avião, do carro, da luz, da cadeira.

Pode citar alguns exemplos de paradigmas?

Certamente:

– O elefante, no zoológico, não tem muro para o cercar, porque, quando pequeno, foi condicionado a andar numa área extensiva ao tamanho de uma corrente amarrada em seus pés.

– A águia que foi achada pelo sitiante quando pequena e criada no galinheiro, junto com as galinhas. Com o tempo, passou a ter comportamento de galinha, apanhava até do garnisé. Levada às montanhas por um biólogo, reaprendeu a voar, voltando a ser uma águia.

– A mulher que dirigia um carro e numa curva deparou com outro carro e gritou para o motorista: "Porco!" e ele respondeu: "Sua vaca!" Porém, ao terminar a curva, bateu em um porco que estava na estrada e capotou o carro.

– Um executivo da gravadora Decca disse aos Beatles, em 1962: "... conjunto de guitarristas não tem futuro..."

– Banqueiros americanos disseram a Henry Ford, que precisava de dinheiro para investir na companhia Ford Motors, em 1900: "O automóvel é só uma novidade, o cavalo será sempre o melhor meio de transporte."

– Robert Millican, prêmio Nobel de física, em 1923, 22 anos antes da explosão da primeira bomba atômica em Hiroxima: "O homem nunca será capaz de liberar o poder do átomo."

– Henry M. Warner, em 1927, em defesa do cinema mudo: "Quem, com os diabos, vai querer escutar atores falando?"

Então, para transformar o difícil em fácil e o impossível em possível é só mudar a linha dos paradigmas?

É isso. Transformar o difícil em fácil e o impossível em possível é o que se denomina de "quebra de paradigmas".

Quebra de paradigmas

É certo dizer que um indivíduo só terá sucesso se for um quebrador de paradigmas?

Perfeitamente. Quem só faz o fácil dificilmente deixa de ser uma pessoa comum. O certo, o fácil, o possível, o normal é tudo aquilo que está dentro do limite dos paradigmas. Por outro lado, o errado, o difícil, o impossível é tudo aquilo que está fora da linha dos paradigmas.

É por isso que se diz que o importante é pensar grande?

Sim. A pessoa que pensa pequeno é pequena.

Mas isso não é viver no mundo da lua?

Pode ser. Pensar só não adianta. É preciso acreditar, ter coragem, ir atrás, criar alternativas, fazer diferente, ser persistente. Essas são as características de um pioneiro, de um vencedor. Santos Dumont acreditou, teve coragem, foi atrás, fracassou, criou alternativas, fez diferente, foi persistente. Por isso inventou o avião.

É por isso que se diz: "Errar não é errado, errado é persistir no erro". Em outras palavras, errado é continuar fazendo tudo do mesmo jeito?

Isso mesmo. Thomas Edison fez 400 experimentos que não deram certo. Quando disseram para ele desistir porque já tinha fracassado tantas vezes, ele afirmou: "Já sei 400 maneiras que não dão certo", e continuou tentando até conseguir inventar a lâmpada.

Se ele tivesse seguido os paradigmas dos outros, a humanidade ficaria ainda por muitos anos sem a lâmpada.

É como a história dos cinco sapinhos.

Que história?

Era uma vez cinco sapinhos que fizeram uma aposta para ver quem chegava antes ao ponto mais alto de uma torre de paredes lisas e altas. Os cinco começaram a subida. A sapaiada da torcida ficou no chão, gritando: "Vocês não vão conseguir, vocês não vão conseguir, a torre é muito alta."

Caiu um sapinho. Os quatro restantes continuaram a subida. A sapaiada continuou gritando:

"Vocês quatro não vão conseguir. É impossível."

Caiu mais um sapinho. Ficaram três, que continuaram subindo. A sapaidada gritava mais alto:

"Desistam. É impossível. Ainda falta mais da metade."

Caiu mais um sapinho. Ficaram dois. A sapaiada gritava:

"Já caíram três. Desistam. Vocês também vão cair. Ainda falta muito."

Caiu mais um. Ficou apenas um. O sapinho restante continuou subindo, subindo. A sapaiada gritava, insistindo:

"Desça. Falta muito ainda. Você não vai conseguir. Desça."

O sapinho continuou subindo e chegou no alto da torre. Quando ele desceu, a sapaiada queria saber como ele havia conseguido, e aí descobriram que ele era surdo.

Entendi a mensagem. Ouvir os pessimistas é um fator limitante do nosso potencial. Portanto, é um paradigma que deve ser quebrado.

Pois é. Veja, tudo que existe, até mesmo a cadeira em que você está sentado, foi criada por alguém; alguém que acreditou e fez, talvez depois de muitas tentativas.

Agora eu vejo quantos paradigmas as mulheres quebraram, da saia comprida ao fio dental; de donas de casa ao posto de presidentes de empresas, e assim por diante.

Bem pensado. Tudo graças a mudanças de mapas mentais.

Mapas mentais? O que é isso?

Mapa mental

O mapa do Brasil é o Brasil?

É. Lógico que é.

Não é. O mapa do Brasil não tem gente, não tem animais e aves, não tem árvores, rios; portanto não é o Brasil.

Certo. O mapa do Brasil é uma representação do Brasil.

Mapa mental é a maneira de cada pessoa representar a realidade na sua cabeça. Assim como o mapa do Brasil não é o Brasil, mas uma representação do Brasil, também o que está na cabeça de cada pessoa não é o que ela vê, mas apenas uma representação do que ela vê. Três pessoas veem a mesma caneta. O que está na cabeça de cada uma delas é uma representação da caneta; não é a caneta.

Agora eu pergunto: A representação que está na cabeça de cada uma das três pessoas é igual ou é diferente?

Certamente é igual.

Não, certamente é diferente.

Por que é diferente?

Porque os programas que cada pessoa tem na cabeça são diferentes, e são os programas que formam o mapa mental de cada um.

E por que os programas não podem ser os mesmos?

Porque os programas são formados por informações recebidas, e essas informações são recebidas de maneiras diferentes por cada pessoa, por vários motivos; um deles é o fato de que cada um nasce e vive em um contexto diferente; cada um nasce de

Mapa mental é a maneira de cada pessoa interpretar a realidade.
Duas ou mais pessoas podem ver a mesma coisa, mas cada
uma interpreta de maneira diferente. Comparativamente, é como se
cada pessoa estivesse usando óculos com lentes de cores diferentes.

útero diferente, em momentos diferentes; é criado de forma diferente; frequenta religião diferente, escola diferente. Assim, pode-se dizer que a "forma" mental de cada um é feita de material diferente. Da mesma maneira que o mesmo arroz sai diferente se feito em panela de barro, alumínio ou ferro, a mesma informação processada em forma mental diferente sai diferente. O mesmo barro colocado numa forma de telha, sai telha; em fôrma de tijolo, sai tijolo. Assim, a mesma informação colocada em cérebros diferentes é processada de maneiras diferentes e sai diferente. Como diz o ditado, "cada cabeça, uma sentença".

Então é possível dizer que o mapa mental é como as lentes dos óculos. Se uma pessoa está de óculos azuis e outra pessoa está de óculos vermelhos, uma jura que tudo está azul e a outra jura que está tudo vermelho.

Perfeitamente. Daí conclui-se que a maior besteira é duas pessoas discutirem. As duas estão sempre certas, o objeto é o mesmo, as informações são as mesmas, o que é diferente é o mapa mental. Então, não se trata de convencer o outro de que ele está errado. A verdadeira sabedoria é procurar saber como é o mapa mental do outro, ou seja, procurar saber como é o certo dele, quais são seus valores.

Agindo assim ninguém vai brigar. O marido não vai brigar porque a esposa está sempre certa. A esposa não vai brigar porque o marido está sempre certo.

Pois é. A verdadeira beleza está nas diferenças, não está nas igualdades. Duas pessoas iguais pouco ou nada acrescentam. Se forem diferentes poderão acrescentar bastante.

Perceber as diferenças e descobrir como adequar-se a elas, sem agredir-se, sem despersonalizar-se, é ser inteligente.

Como se aplica isso ao casamento?

Na maioria das vezes, o que atrai duas pessoas são as diferenças. As mesmas ideias e pontos de vista podem ser legais no começo, mas logo tornam o relacionamento cansativo. No casamento é a mesma coisa. Quando os dois são muito semelhantes no pensar, no sentir e no agir, não vai demorar para que a vida a dois fique monótona. Ou os dois acomodam-se ou separam-se. Quando, porém, cada um tem sua maneira própria de pensar, agir e sentir (sua personalidade), no começo poderá haver muito atrito, mas com o passar do tempo, se não se separarem antes, haverá uma adaptação e cada um passará a somar com o outro. O casamento tende a durar e os dois poderão ser felizes.

O importante então para um bom relacionamento é perceber e respeitar o mapa mental do outro; saber quais são seus valores?

Perfeitamente. O certo e o errado para cada pessoa é aquilo que está de acordo com o seu mapa mental. Portanto, todo mundo está certo. O conflito de relacionamento existe porque cada um quer que o outro se submeta ao seu mapa mental, ao seu certo.

Estou percebendo que esse é meu problema com minha companheira. Fale um pouco mais das diferenças entre as pessoas.

5
Diferenças entre pessoas

Entender o que diferencia as pessoas é diminuir em 90 por cento as causas dos conflitos. Cada pessoa tem características físico-mentais próprias e, por isso, valores próprios. Neste capítulo vamos aprender a conhecer e a analisar as pessoas com base nos seus relacionamentos neurológicos.

Tipos de pessoas

De acordo com John Grinder e Richard Bandler, criadores da Programação Neurolinguística, cada pessoa é resultado de seus programas. Programas que foram formando-se no cérebro desde o nascimento. Com base na qualidade desses programas a pessoa vê, age e sente. Cada indivíduo vê e interpreta o mundo conforme seus programas. Por exemplo, a pessoa é otimista ou pessimista se os programas forem bons ou maus. Mapa mental seria então a forma de representar o mundo com base na qualidade desses programas. Em outras palavras, todas as pessoas são diferentes; agem, sentem, falam e têm valores diferentes porque seus programas são diferentes.

Sendo assim, como posso me relacionar bem com cada pessoa? É difícil.

Sim. É muito difícil. Porém, John Grinder e Richard Bandler facilitaram bastante. Fazendo um estudo das capacidades individuais, chegaram à conclusão de que existem indivíduos

O arroz feito numa panela de ferro sai com sabor diferente do mesmo arroz feito numa panela de barro ou de alumínio, ainda que a cozinheira seja a mesma e que o fogo e os temperos sejam iguais. Mas o que importa é o sabor do arroz e não como foi feito. Da mesma maneira, o que importa é o valor que a pessoa expressa, não como ela é.

com mapas mentais parecidos. Com base nesses estudos estabeleceram três tipos de pessoas, que denominaram de visual, auditivo e sinestésico.

Por que visual, auditivo e sinestésico?

– Visual, porque as informações que formam seus programas são de natureza visual, como imagens, figuras, formas, cores, luzes.

– Auditivo, porque as informações processadas foram captadas pelo ouvido, como sons, ruídos, palavras, música.

– Sinestésico, porque seus programas foram formados por informações provenientes de sensações, sentimentos, movimentos, ações e outras.

Se entendi bem, são tipos de formas feitas de materiais diferentes como panelas feitas de barro, de ferro e de alumínio que, por serem diferentes, produzem um arroz de sabor diferente, mesmo que o cozinheiro, o arroz, os temperos e o fogo sejam os mesmos.

Sim, mas o que realmente importa é o sabor do arroz, quero dizer, o que na verdade interessa é saber a maneira pela qual cada pessoa interpreta a realidade, quais são seus valores e anseios, do que ela gosta e qual sua maneira de gostar.

E a pessoa visual, do que ela gosta?

Mapa mental da pessoa visual

A forma que dá contorno às informações no cérebro da pessoa visual é feita de materiais tangíveis e visuais, tais como imagens, figuras, tamanho, cores, luzes. Como resultado, as informações que entram no cérebro da pessoa visual vão sofrer uma transformação específica e serão representadas de forma tangível e visual.

Desculpe-me, mas você está sendo muito prolixo. Do que o visual gosta?

Está bem. O visual gosta de beleza, de limpeza, de asseio, de organização, de estética, de minúcias, de concisão. A pessoa visual é perfeccionista, exigente e rápida.

Do que o visual não gosta?

O visual não gosta de um indivíduo questionador como você.

Obrigado.

Não gosta de prolixidade, de floreios, de dar a mão para cumprimentar, de toques, de abraços.

Que pessoa chata.

É. Muitas vezes, é essa a impressão que passa nos primeiros contatos. Quem a conhece sabe que não é uma pessoa rude e fria. Tem alma também, só que a maneira de exteriorizar seus sentimentos é diferente.

Como a pessoa visual namora?

O que um homem visual procura numa moça é, antes de tudo a beleza, a aparência. Se tiver conteúdo e for afetiva, melhor. Ele gosta de demonstrar seu amor dando presentes. Não é muito de andar juntinho, de mãos dadas ou de fazer carinhos.

E como é uma dona de casa visual?

A dona de casa visual é organizada e limpa. Quando recebe visitas para almoçar, preocupa-se com a aparência da mesa e dos pratos, enfeita a salada. Mal a visita termina de comer, retira os pratos para lavar. Não gosta de ver nada sujo. Não é de muita conversa e fica torcendo para que a visita não demore. Se for visual e auditiva e não tiver tempo para arrumar a casa toda, preocupa-se apenas com a arrumação dos lugares onde a visita possa ir. Nesse caso, gosta de ficar conversando mais tempo com a visita. Se for visual e sinestésica e não tiver tempo para arrumar a casa toda, preocupa-se apenas com a aparência, sendo capaz de disfarçar a sujeira colocando-a debaixo do tapete. Nesse caso, preocupa-se em segurar mais tempo a visita.

E como é o mapa mental da pessoa auditiva?

Mapa mental da pessoa auditiva

Costumamos dizer que a forma que dá contorno às informações que chegam ao cérebro da pessoa auditiva é feita de materiais audíveis, como sons em geral, música, palavras, timbres. Como resultado, as informações processadas saem com formato diferente das do indivíduo visual.

Lá vem você com seus floreios. Do que o auditivo gosta?

O auditivo gosta do que é lógico, prático, técnico, racional, comprovável, explicável. O auditivo é curioso, gosta de fazer perguntas, gosta de saber as causas e os porquês de tudo, é crítico, gosta dc trocar idcias.

Do que o auditivo não gosta?

Não gosta de assuntos banais, de falas inconsistentes, de quem não tem assunto. Não gosta também de muita aproximação, de afetividade excessiva. Tudo para ele tem de estar dentro da lógica: o cumprimento, a afetividade, o assunto. É um chato para quem não é auditivo. Quem é auditivo gosta.

O que o auditivo procura numa namorada?

O auditivo procura antes de tudo uma companheira que tenha conteúdo mental, que seja inteligente, que saiba conversar. Se for bonita e afetuosa, melhor, mas não é o mais importante. Se for bonita e afetuosa mas abrir a boca e falar "abobrinhas", perde o encanto para o auditivo.

Qual o procedimento de uma dona de casa auditiva?

A dona de casa auditiva gosta de uma casa prática. Quanto menos trabalho der para limpar, melhor. Quadros na parede dificultam o trabalho, então é melhor não tê-los. Quando vai receber visitas para o almoço, preocupa-se com o conteúdo do almoço. Procura saber, com antecedência, o que cada visitante gosta de comer. Terminado o almoço, não se preocupa em tirar a mesa, gosta de ficar conversando com os convidados, assuntos sérios.

E como é o mapa mental da pessoa sinestésica?

Mapa mental da pessoa sinestésica

A forma pela qual os sinestésicos fazem os programas no cérebro e que dá contorno às informações que vão externar são feitas de material diferente das formas do visual e do auditivo. A forma cerebral do sinestésico, pela qual ele vai representar a realidade externa, é feita de sensações, ações, movimentos, sentimentos; enfim, informações colhidas pelos sentidos. Como a forma é diferente, também vai ser diferente a maneira de ele representar a realidade.

Como o sinestésico representa a realidade?

Para a pessoa sinestésica, o que tem mais valor é o sentimento, a amizade, o afeto, o prazer, o conforto, a vida. O sinestésico gosta das pessoas, gosta de festas, gosta de uma boa conversa.

De que o sinestésico não gosta?

Não gosta de tristeza, de cara fechada, de grosseria, de frieza, de distância.

O que uma pessoa sinestésica procura numa companheira?

Procura meiguice, afeto, companhia. Se for bonita e tiver conteúdo, melhor, mas não é o mais importante.

E qual é o comportamento de uma dona de casa sinestésica?

A dona de casa sinestésica considera a casa seu lugar de descansar, de curtir a vida.

Quando vai receber visitas, preocupa-se em fazer bastante comida para que a visita coma bastante e sobre comida. As panelas ficam no fogão. Cada um se serve à vontade. Terminada a refeição, fica conversando até tarde. Depois, vendo as panelas e os pratos sujos, ela pensa: amanhã, quando der vontade, eu lavo.

O mapa mental é então a grande causa dos conflitos de relacionamento?

Perfeitamente.

TESTE SEU MAPA MENTAL

Leia cada questão e, sem pensar muito, responda colocando os números 3, 2, 1 ou 0 nos espaços em branco correspondentes a cada afirmativa. Os números significam: 3 - sou sempre assim; 2 – muitas vezes sou assim; 1 – raramente sou assim; 0 – nunca sou assim.

QUESTÕES	V	A	S
01 PENSO MUITO ANTES DE TOMAR QUALQUER ATITUDE	■		■
02 DECIDO RAPIDAMENTE		■	■
03 ANTES DE AGIR, PREOCUPO-ME COM AS PESSOAS	■	■	
04 GOSTO DE SENTIR AS PESSOAS FELIZES	■	■	
05 GOSTO DE AGIR IMEDIATAMENTE		■	■
06 PROCURO O MOMENTO CERTO DE AGIR	■		■
07 SOU MINUCIOSO E PERFECCIONISTA		■	■
08 SOU LÓGICO E RACIONAL	■		■
09 GOSTO DE USUFRUIR A VIDA	■	■	
10 PARA MIM, O QUE MAIS IMPORTA É O RESULTADO		■	■
11 PARA MIM, O QUE MAIS IMPORTA É COMO É FEITO O TRABALHO	■		■
12 PARA MIM, O QUE MAIS IMPORTA SÃO AS PESSOAS QUE FAZEM O TRABALHO	■	■	
13 GOSTO DE CONSERTAR COISAS COM DEFEITO	■		■
14 IRRITO-ME COM DEFEITOS E NÃO TENHO PACIÊNCIA PARA CONSERTAR NADA		■	■
15 ENTENDO QUE TUDO PODE DAR DEFEITO, MAS NÃO GOSTO DE CONSERTAR	■	■	
16 GOSTO DE OBSERVAR AS PESSOAS		■	■
17 GOSTO DA COMPANHIA DAS PESSOAS	■	■	
18 GOSTO DE CONVERSAR COM PESSOAS INTELIGENTES	■		■
19 SOU MAIS QUIETO E OBSERVADOR		■	■
20 SOU MAIS DE FALAR DO QUE OUVIR	■	■	
21 FALO E OUÇO NORMALMENTE	■		■
22 SOU BOM FISIONOMISTA		■	■
23 MEMORIZO FACILMENTE OS NOMES	■		■
24 ACONTECIMENTOS MARCAM-ME BASTANTE	■	■	
25 GOSTO DE MONTAR QUEBRA-CABEÇAS		■	■
26 GOSTO DE DAR E RECEBER CARINHO	■	■	
27 GOSTO DE DAR PRESENTES PARA AS PESSOAS QUE EU GOSTO		■	■
28 PROCURO DESCOBRIR COMO AS COISAS FUNCIONAM		■	■
29 GOSTO DE ABRAÇAR E TOCAR AS PESSOAS QUE EU GOSTO	■	■	
30 GOSTO DE EXPLICAR DESENHANDO E ESCREVENDO		■	■
31 GOSTO DE EXPLICAR FALANDO PAUSADAMENTE	■		■
32 GOSTO DE EXPLICAR CONTANDO HISTÓRIAS E CASOS	■	■	
33 GOSTO DE ME VESTIR BEM		■	■
34 PROCURO SEGUIR A MODA	■		■
35 GOSTO DE ME VESTIR CONFORTAVELMENTE	■	■	
36 CUMPRIMENTO AFETUOSAMENTE	■	■	

QUESTÕES	V	A	S
37 CUMPRIMENTO COM UM LEVE APERTO DE MÃO			
38 NÃO GOSTO DE DAR A MÃO PARA CUMPRIMENTAR			
39 AO COMPRAR UM CARRO, VALORIZO PRINCIPALMENTE A BELEZA			
40 AO COMPRAR UM CARRO, DOU MAIS IMPORTÂNCIA À PARTE TÉCNICA			
41 AO COMPRAR UM CARRO, DOU MAIS IMPORTÂNCIA AO CONFORTO			
42 SOU METÓDICO E REALISTA			
Total de pontos de cada coluna			

Se o total da coluna V for maior, você é mais visual. O ideal é ter equilíbrio nos três canais. Se o total maior for o da coluna A, você é mais auditivo. Normalmente, a pessoa tem equilíbrio entre dois canais. Você é mais sinestésico se o total maior for o da coluna S. O canal mais fraco é aquele em que a pessoa tem mais dificuldade em ser, sentir e agir.

6

Conflitos nos relacionamentos

Neste capítulo, estudaremos os valores que diferenciam as pessoas e como a falta de percepção desses valores é a verdadeira causa dos conflitos nos relacionamentos.

A origem dos conflitos

O mapa mental é, sem dúvida, a grande causa dos conflitos de relacionamento. Cada pessoa interpreta a realidade à sua maneira. Cada pessoa tem seu certo, tem sua verdade.

Então, uma pessoa visual, por exemplo, nunca vai concordar com um sinestésico?

Não e sim. Não, porque cada um tem a sua maneira de ver o certo. Querer convencer o outro de que ele está errado é o mesmo que querer obrigá-lo a usar o seu mapa mental. É o mesmo que alguém que está utilizando óculos de lentes vermelhas querer convencer o outro, que está usando óculos de lentes azuis, de que tudo é vermelho. Sim, porque o princípio do bom relacionamento é procurar entender o mapa mental do outro, como o outro está vendo, ouvindo, sentindo, e respeitar esse mapa.

Isso é muito difícil.

É difícil, mas não é impossível. Seria impossível se a pessoa fosse permanentemente visual, auditiva ou sinestésica. Isso não existe.

Como não existe?

Um visual puro ou altamente visual não conseguiria viver em sociedade. Seria considerado louco e internado num hospício. Não conseguiria conviver com a falta de asseio e de organização. Conhece aquele cara que lava e desinfeta as mãos muitas vezes para livrar-se dos micróbios? Esse ainda não é um visual puro ou muito elevado. Cerca de 80 por cento de visual já é muito para ser aceito como normal na sociedade.

E os auditivos e sinestésicos?

É a mesma coisa. Estariam internados num hospício se fossem exageradamente auditivos ou sinestésicos.

Isso quer dizer que a pessoa normal tem um pouco de cada mapa?

Tem. Quanto mais equilibrada nos três mapas, mais serena, ponderada e adulta será a pessoa. O normal é que haja uma escala percentual de valores onde um predomine, outro seja mediano e o terceiro mais baixo. O ideal é descobrir o seu canal mais baixo para observá-lo e melhorá-lo. No relacionamento, o correto é descobrir o valor mental mais forte do companheiro e utilizar os mesmos valores para criar sintonia mental com ele.

Como se cria essa tal de sintonia mental?

Primeiramente, vamos entender bem o que é sintonia mental. Perceber o mapa mental do outro e, portanto, seus valores, tentando agir da mesma maneira. Isso é criar sintonia mental.

Há duas maneiras de criar sintonia mental e empatia com o outro. A primeira é essa de que estamos falando, ou seja: procurar ser visual com um visual; ser auditivo com um auditivo e ser sinestésico com um sinestésico.

Você pode dar um exemplo?

Posso. É um exemplo real.

Conflitos no lar

Meu amigo Flávio estava casado há 11 anos com Regina. Ficaram juntos porque tinham dois filhos, um menino de 9 anos e uma menina de 7 anos. Brigavam muito, mas não tinham coragem de separar-se. Brigaram e se separaram bem no dia do aniversário de casamento. Como presidente de uma organização, Flávio era obrigado a participar de muitos eventos. Sua reclamação era a de que sua esposa nunca o acompanhava. As esposas dos amigos estavam sempre presentes, a dele quase nunca. Regina, apesar de ser rica, não gostava de empregadas porque achava que elas não sabiam fazer o serviço da casa benfeito. A casa dela era um brinco de organização e de beleza. Quando alguém ia tomar café com eles, Regina servia uma belíssima mesa, com variadas iguarias. Almoço ou jantar eram de primeira classe. Regina era minuciosa, caprichosa. O mais interessante era que ela e o marido se gostavam, porém não conseguiam conviver sem discutir.

Isso porque um não percebia o mapa mental do outro e seus valores?

Certamente. Vou contar como foi a briga de separação.

Flávio levantou cedo e foi trabalhar. Regina levantou e foi arrumar a casa. Deixou a casa linda. Colocou no banheiro uma toalha nova, um sabonete novo, um par de chinelos novo e um roupão novo para o Flávio como presente de aniversário – afinal, era seu marido e ela o amava. Depois, arrumou uma linda mesa com bolo de aniversário e muitas iguarias que ele gostava. Tudo pronto, foi ao cabeleireiro. Voltou para casa feliz e radiante. Colocou perfume e uma roupa que tinha comprado para a ocasião. Tudo pronto, ficou esperando o Flávio chegar. Ele chegava entre 18h30 e 19h; entrava pelo corredor, direto para a cozinha. Quando chegou a hora, ela ficou de plantão na cozinha, perto da mesa enfeitada. Ouviu o barulho do portão – era o Flávio chegando.

Regina deu a última arrumada no batom, colocou um sorriso no rosto e ficou esperando ele abrir a porta da cozinha.

Flávio abre a porta, olha para ela e diz, tirando a gravata: "Tudo bem? Estou morrendo de cansaço"; joga um beijinho para ela, passa direto e vai para a sala. Na sala, tira o sapato, o paletó, esparrama-se no sofá, liga a televisão e pensa: Meu casamento acabou. Minha esposa não me ama mais. Quando a gente era recém-casado, eu chegava a hora que fosse, ela trazia uma garrafa de cerveja, queijo picado e azeitonas, dois copos e sentava-se ao meu lado. Era muito bom. Ficávamos conversando até altas horas. Ela me amava. Agora não me ama mais. Fica na cozinha, fazendo não sei o quê e eu fico aqui na sala sozinho. Precisamos nos separar. Agora eu pergunto: Ele estava certo ou estava errado?

Estava errado.

Nada. Estava certíssimo, porque ele casou com ela por causa do carinho, do afeto, da atenção, da companhia.

E ela?

Ela estava na cozinha, chorosa, pensando: Ele não me ama mais; nem reparou em mim, no meu cabelo, na minha roupa, na mesa que preparei para ele; é como se eu não existisse; deve ser aquela maldita loira que trabalha com ele. O que você acha: ela estava certa ou estava errada?

Estava certa.

É, estava certíssima. O que estava errado então?

Um não percebeu o mapa mental do outro.

Quais eram os mapas mentais deles?

O Flávio era sinestésico e ela era visual.

Perfeitamente. Seria muito fácil salvar esse casamento se um tivesse percebido o mapa mental do outro. Bastava uma cerveja com uma porção de queijo e um pouco de azeitonas da parte dela: "Amor, coloquei esta garrafa de cerveja no congelador para quando você chegasse; trouxe também um pouco de queijo, azeitonas e dois copos. Vamos tomar juntos, hoje é um dia especial". Isso o teria feito um marido feliz. Da parte dele, bastariam alguns elogios: "Amor, você ficou linda com esse penteado e com essa blusa. Que bela mesa você preparou! Obrigado". Isso a teria feito uma esposa feliz.

É, realmente. Tenho que rever meu comportamento com minha companheira. Tem mais algum exemplo?

Tenho vários. Vou contar o caso do casal visual e auditivo.

Casal visual e auditivo

Raul era meu assistente de marketing; um jovem bem apessoado, bastante capacitado. Era casado com Maria Angélica, uma moça linda e inteligente. Aniversário de casamento. Estavam casados há três anos. Raul era apaixonado pela Angélica. Pegou o telefone e ligou para a floricultura:

"Faça-me o mais lindo buquê de flores que você conseguir e entregue lá em casa para minha esposa com felicitações pelo nosso aniversário de casamento. Entregue às três horas, por favor." E Raul ficou pensando: Três horas... Angélica deve estar recebendo. Três e quinze tocou o telefone, Raul atendeu e desligou rápido e desgostoso. Três e trinta, nada. Três e quarenta, ele não aguentou, pegou o telefone e ligou para a floricultura:

"Pô, cara, eu pedi para você entregar lá em casa, às três horas... entregou? É? Às três em ponto? Maria Angélica assinou? É? Então, obrigado."

Raul desligou o telefone e ficou arrasado. Sentava, levantava; pegava o telefone, discava, punha no gancho. Vendo a aflição dele eu falei:

"Raul, vá embora".

Ele não esperou eu falar duas vezes. Pegou o paletó, bateu a porta e saiu.

Ficou abalado porque a esposa não ligou para ele.

É. No outro dia, quando eu chego à minha sala, quem estava lá? Raul. Com uma cara de sofredor. Olhos de quem não havia dormido.

"Bom dia, Raul!"

"Bom dia para você!"

Achei melhor ficar quieto em minha mesa. Aos poucos, comecei a preocupar-me e pensei: "Devo fazer alguma coisa pelo meu amigo". Tive uma ideia:

"Raul, vou comprar cigarros lá em baixo, vamos comigo?"

"Não. Vá você."

"Sim. Você vai comigo", peguei-o pelo braço. "Vamos. Você está com um sapo na garganta, ou engole o sapo ou o joga fora. Ficar com ele na garganta, não dá. Vamos e comece a falar. O que aconteceu?" Ele desceu comigo e, aos poucos, foi se soltando.

"Estou derrotado. Meu casamento acabou. Amo tanto a Angélica, mas agora sei que ela não me ama. Ultimamente ela tem ido demais ao dentista..."

"Largue de besteira, amigo. Fale. O que foi que aconteceu?"

"Veja só. Ontem, aniversário do nosso casamento, mandei flores para ela e ela nem ligou. Depois eu fiquei pensando: Presentear com flores realmente não quer dizer amar. O chefe manda flores para a secretária. O amigo manda flores para a amiga. Eu queria dar um presente que realmente demonstrasse meu amor pela Angélica. Ao sair daqui, passei no shopping. Olhei blusas, saias, sapatos, bolsas. Nada que eu gostasse. Entrei numa joalheria. Não achei nada que pudesse encantar a Angélica, com exceção de um anel de brilhantes; mas era muito caro. Já estava no carro para ir embora, quando pensei: Não posso chegar em casa sem um presente que signifique meu grande amor pela Angélica. Voltei e comprei o anel de brilhantes. Ao chegar em casa, feliz, lá estavam as rosas.

'Oi, amor, recebeu minhas rosas?'

'Recebi, amor, não precisava.'

'Trouxe mais um presentinho para você, abra.'

'Ah, amor, para quê? Você já me deu as rosas.'

'Abra.'

Quando ela abriu, sabe o que ela me disse?

'Amor, você enlouqueceu? Onde você está com a cabeça? Nós estamos economizando para reformar a casa e você fica gastando assim?'

Eu não disse nada. Fiquei arrasado. Entendi que ela não me amava mesmo. Fui para meu quarto. Fechei a porta. Ela ficou batendo na porta e dizendo:

'Amor, abra. Preciso falar com você. O que aconteceu? Abra, vamos conversar.'

Eu não abri. Passei a noite sem dormir. Saí cedo e estou aqui. Meu casamento acabou. Não sei o que fazer. Não saberei viver sem a Angélica."

Hoje, continuam juntos. Têm dois filhos lindos e vivem muito felizes. O que aconteceu? Qual o mapa mental dele? Qual o mapa mental dela?

Ele é visual e ela é auditiva.

Isso mesmo. Ele é visual. O visual costuma demonstrar amor dando presentes. Ele não é muito de abraçar, de beijar; é mais distante, e demonstra amor dando presentes. Ela é auditiva, lógica. Para que gastar tanto dinheiro para dizer que ama, se o dinheiro faz falta para outras coisas?

Se ele tivesse percebido que ela era auditiva, o que ele deveria ter feito?

Em vez de ligar para a floricultura, deveria ligar diretamente para ela e dizer: "Oi, meu amor, estou tão feliz, hoje faz três anos que estamos casados, amo muito você (a pessoa auditiva gosta de ouvir que é amada). Amor, vou sair meia hora mais cedo. Fique pronta. Vou pegar você e vamos comemorar nosso aniversário de casamento, à luz de velas, naquele restaurante que você sempre quis conhecer. Certo?"

Entendi. Ela teria ficado mais feliz e o Raul não teria gasto tanto dinheiro.

Conflitos amorosos

Todo conflito nos relacionamentos tem como raiz a não percepção do mapa mental do outro. Cada pessoa tem uma maneira própria de perceber e valorizar o mundo, com base nos programas de vida extraídos do contexto em que cresceu e elaborados no decorrer de sua existência. O princípio é simples, cada um está certo à sua maneira. O importante para relacionar-se bem é ter a capacidade de perceber e de adequar-se, dentro do bom-senso, ao certo do outro. Não só casais brigam porque não percebem e não entendem as diferenças entre os mapas mentais do companheiro ou companheira; namorados e noivos também brigam pela mesma razão.

Você pode ilustrar?

Sim. Minha sobrinha veio passar uns dias em minha casa. Seu namorado viria buscá-la para irem ao cinema. Ficou horas no banheiro, arrumando-se. "Tio, já me vou." Era vaidosa. Estava linda. Saiu feliz. Não demorou vinte minutos, voltou furiosa para casa. "O que foi, Cyntia?" "É o cachorro do Evandro, tio. Acabou. Não quero mais saber dele, nunca mais. Ele não me ama. Veja se tenho ou não razão. Sexta-feira da semana passada tinha levado um presente para ele, uma camisa. Ao chegar no carro e entregar a camisa, ele disse:

'Não precisava, meu amor. Você já me deu seis camisas.'

'Vi na vitrine e achei parecida com você, toma.'

'Está bem, obrigado.' Pegou a camisa e colocou-a no banco de trás. A hora que desci para sair com ele, tio, sabe o que eu vi no banco de trás do carro? A camisa, tio, do jeitinho que ele havia colocado na semana passada. Aí, não aguentei e disse tudo que precisava dizer; que ele não me amava, nem sequer abriu a caixa para ver a camisa; se fosse outra que o houvesse presenteado, já a teria experimentado e usado; que ele nunca usa as roupas que eu dou. Acabou. Não quero mais namorar com ele. Foi isso, tio. Tenho ou não razão?"

Ela era visual e ele o que era?

Ele era sinestésico. Para ele, doar ou receber presentes não era o mais importante. Para o sinestésico, o importante é a presença, a atenção, o carinho, o afeto. O namorado visual adora dar presentes, mas nem sempre o presente é a melhor maneira de demonstrar amor.

Agora entendo porque meu relacionamento com a Norma está tão difícil. Tem mais exemplos?

Tem o caso de um aluno meu. Fui dar um curso em São José do Rio Preto. Estava assistindo o curso um rapaz visual; bem-vestido, de terno e gravata. E quase não piscava. (O visual quase não pisca para não perder a imagem.) Assistiu o curso quieto. Pensei que não havia gostado. Porém, fui ver a avaliação e ele havia avaliado o curso como excelente. Melhor, eu pensei. Um ano depois voltei lá para dar o mesmo curso. Quem estava no curso? O mesmo rapaz, sentado no mesmo lugar, sem piscar. Achei estranho, mas tudo bem. Assistiu o curso todo do mesmo jeito, quieto. Quando terminei o curso, ele pediu para falar. Veio à frente, tirou um envelope do bolso e disse:

"Pessoal, eu já tinha assistido esse curso, no ano passado. Vim fazer o curso pela primeira vez porque estava brigado com a minha namorada. Foi uma briga muito séria, para nunca mais voltar. A gente brigava demais. Como não tinha nada para fazer à noite e para não ficar pensando, eu vim fazer o curso. Aí o professor falou isso de visual, auditivo e sinestésico. Eu descobri que sou visual e que minha noiva é sinestésica. Saí do curso direto para a casa dela e disse que queria voltar. Ela não queria de jeito nenhum. Eu insisti:

'Ruth, vamos voltar, a gente não vai brigar mais, agora eu sei que sou visual e que você é sinestésica. Agora eu sei como você é, do que você gosta, e vou lhe dizer do que o visual gosta. Nós não vamos brigar mais, prometo.'

Acabamos voltando. Faz um ano e dezoito dias. Nunca mais brigamos. Estamos com o casamento marcado para o próximo mês. Quero entregar o convite para o professor Cortez."

Conflitos sexuais

Muitos casais separam-se devido a conflitos sexuais. Um artigo da revista *Veja*, de maio de 2003, dizia que 50 por cento das brasileiras julgam sofrer de distúrbios sexuais; cerca de 26 por cento ignoram o que é orgasmo e 23 por cento não sentem nenhuma excitação.

Isso pode acontecer por algumas causas. Uma delas, certamente a mais frequente, é a falta de percepção do mapa mental do outro. Veja o caso de um marido, com canal visual muito acentuado, casado com uma esposa de canal sinestésico acentuado. O visual acentuado é rápido em tudo que faz, até no sexo. Por que será que ele casou com a sinestésica? Porque ele a acha bonita e muito atraente. Naquele momento, só de vê-la desnuda, já fica excitado e já a quer. Ele é rápido e apressado; abraça, aperta, quer, quer, penetra e pronto. Ela não consegue acompanhá-lo. A vagina não ficou lubrificada. O clitóris não foi excitado. Não deu tempo. Ela não sentiu orgasmo. Porém, como é muito amorosa, não diz nada para não chateá-lo. Para ela, o importante é ele estar feliz. E assim vai. Passam-se dias, meses, anos, e ele não saberá que a mulher não tem orgasmo porque ele não a preparou com carinho, afeto, palavras doces ao pé do ouvido. O inverso é mais dramático. Imagine a mulher com mapa mental visual muito elevado.

Por que mapa mental visual elevado?

Porque, como já vimos, todas as pessoas têm os três canais mentais. O ideal é ter certo equilíbrio entre os três, mas pode acontecer que certas pessoas tenham um canal bem mais desenvolvido que os outros.

Se a esposa é muito visual e o homem é muito sinestésico, o que pode acontecer?

Imagine a cena. A moça visual casou com o rapaz sinestésico porque o acha bonito, atraente. A pessoa muito visual é rápida, apressada; não é de muitos floreios e afagos. Naquele momento, ela o vê, adora seu físico, sente-se atraída, já o quer. Abraça, beija, aperta, esfrega, insiste, deseja, deseja, já o quer e ele demora; ela insiste, esfrega e ele ainda não está preparado. O sinestésico precisa de tempo, precisa de carinho, de toques para ficar excitado. Ele começa a preocupar-se porque a ereção não vem. Quanto mais ela tenta, mais ele fica preocupado: não vai dar, não dá e não deu. Conclusão: ela fica preocupada porque não conseguiu excitá-lo. Será que ele não gosta de meu corpo? Onde errei? Será que ele gosta de outra? E ele também fica preocupado, porque gosta dela e não conseguiu satisfazê-la. O que ela vai pensar de mim? Será que estou ficando velho? No dia seguinte, ela se prepara melhor. Procura ficar mais bonita; troca de perfume e ele come amendoim o dia todo. Essa noite vai dar certo, eles pensam. Porém, a cena se repete. Ela, na ânsia de excitá-lo, se esfrega mais. Ele, sentindo-a apressada, inibe-se mais. E assim fracassam uma noite, outra noite, a semana, o mês. Quando ele volta a trabalhar, o que acontece? Resolve sair com aquela colega que sempre deu bola para ele, só para testar se ainda está funcionando. E funciona maravilhosamente bem. Volta feliz para a esposa porque ele gosta mesmo é dela. Porém, novas tentativas, novos fracassos. Aparentemente, só há duas saídas: largar a esposa ou ficar com as duas.

Por que aparentemente?

Porque a melhor saída não é nenhuma dessas. A melhor saída é cada um perceber, entender e respeitar o mapa mental do outro. Ela, como visual, tinha de perceber que ele era sinestésico e, por isso, ir mais devagar, conversando com ele, fazendo leves toques, estimulando-o com carícias até que ele estivesse preparado. Ele, por sua vez, teria de entender que ela é apressada porque é o estilo dela, cabe a ele falar para ela ir mais devagar, com mais jeito. A conversa franca e respeitosa é sempre a melhor solução e o jeito mais prático de o casal acertar-se.

Pelo visto o casamento que dá mais certo é o que acontece entre duas pessoas de mapas semelhantes?

Não. Duas pessoas com mapas fortes e semelhantes tendem a relacionar-se bem por algum tempo. Os dois gostam das mesmas coisas, têm os mesmos valores, no começo é maravilhoso, depois de algum tempo começa a ficar cansativo. Um não acrescenta nada ao outro. O risco de separação é maior.

Mas duas pessoas com mapas fortes e diferentes não vão ter muito conflito?

No começo, vão. Mas, mesmo que não percebam o mapa mental do outro, se tiverem diálogo e agirem com bom-senso, vão ajustando-se, um vai aprendendo com o outro e, com o tempo, vão se dar bem.

Isso se não se separarem antes.

É. Isso se não se separarem antes.

Agora me veio uma pergunta à cabeça. Você é professor. Como um professor deve comportar-se na sala de aula?

O professor visual gosta de exemplificar usando a lousa, *flip chart*, transparências, *data-show*. O professor auditivo gosta de explicar falando claramente, dando ênfases, repetindo, dialogando com os alunos. O professor sinestésico gosta de brincar, de contar casos, de fazer grupos de estudo. O professor ideal é aquele que trabalha nos três sistemas.

E qual é o ideal de aluno?

Também é o que tem facilidade para aprender nos três sistemas. O aluno visual tem mais facilidade de aprender vendo. Aprende com mais facilidade quando o professor escreve na lousa, desenha ou mostra gráficos. Quando a aula é muito teórica, ele faz riscos no caderno, desenhos. É a sua maneira de transformar a teoria em algo visual. O aluno auditivo aprende ouvindo. Escreve pouco; por isso é motivo de reclamação dos professores. Como não escreve, sobra tempo para conversar na aula. Atrapalha a aula, e o professor reclama com a diretoria, que manda bilhetes para os pais e aí recebe reprimendas também dos pais. Mas sempre tem boas notas. O aluno sinestésico escreve tudo; perto das provas, os visuais gostam de pedir seus cadernos emprestados para poderem estudar. O visual estuda para a prova fazendo gráficos e resumindo a matéria. O aluno auditivo não se prepara para a prova e, quando se prepara, o faz lendo em voz alta. O aluno sinestésico estuda para a prova fazendo anotações, reescrevendo a matéria. Por isso, o ideal é estudar utilizando os três sistemas. Todas as matérias ficam mais fáceis de serem assimiladas quando estudadas nos três sistemas. A percepção continua sendo um importante fator para o sucesso no relacionamento. Os conflitos entre colegas de serviço, entre pais e filhos, entre namorados, entre marido e mulher, normalmente, têm como causa a falta de percepção do tipo de mapa mental do outro e de seus valores. É preciso ter em mente que o outro está sempre certo, que você também está sempre certo e que, para relacionar-se bem, é importante, primeiramente, procurar saber como é o certo do outro para ajustar o seu certo ao certo dele. Essa é a chave do relacionamento.

Como perceber o mapa mental do outro?

Há vários sinais.

Quais?

7
Sinais que identificam cada tipo de pessoa

Neste capítulo selecionamos algumas dicas e sinais para você perceber através de atitudes e comportamentos os valores que diferenciam cada tipo de pessoa e como se deve proceder para criar sintonia mental e obter simpatia.

Características

É importante lembrar que, quase sempre, todas as pessoas têm os três mapas mentais, porém, um é mais forte, outro mediano e um terceiro, mais fraco, cujas variações poderão ir de 10 a 80 por cento. Isso quer dizer que uma pessoa com graduação zero num dos mapas não existe, ou, se existir, estará internada num hospício. O mesmo raciocínio vale para uma pessoa com graduação maior que 90 por cento num dos mapas; terá muita dificuldade para viver em sociedade. Quanto maior for o equilíbrio nos três tipos de mapa, maior o equilíbrio e a serenidade da pessoa. Um indivíduo com mapa mental maior que 60 por cento terá as seguintes características:

VISUAL – frio, seco, aparentemente grosso e sem educação; introvertido; de pouca conversa; fala o essencial; sem muita paciência; é cabeça-dura; é rápido na maneira de ser, de agir, de falar e de gesticular; toma decisões rápidas baseando-se no que vê; é firme e decidido, mas é justo e coerente no que faz; não toma tempo, nem enrola; não faz questão de agradar; vive muito no futuro; é cabeça quente; sai do sério com facilidade.

AUDITIVO – é político; procura agradar a todos; é inteligente, racional e lógico; bastante prático; procura o jeito mais fácil e que dê menos trabalho; é bastante técnico e curioso; gosta de entender; gosta de descobrir para que serve e como funciona; gosta de perguntar e de mostrar que sabe; adora uma boa conversa; é bom ouvinte; preocupa-se com o futuro, mas sabe que o futuro depende do presente.

SINESTÉSICO – é amigo, companheiro; sempre pronto a ajudar; gosta de conforto, de bem-estar, de curtir todos os momentos; adora uma festa; ouve pouco e fala muito; não pensa para falar; demora a decidir e decide mais pelo coração do que pela razão; inspira confiança; vive muito o presente.

Quando você, leitor, tem dúvidas de qual é o seu canal, e entende que tem características dos três canais explicados acima, é sinal de que realmente trabalha com todos eles. Isso é ótimo. Mas é sempre bom descobrir qual o canal mais forte. Reveja o teste do mapa mental (pág. 132) e analise as dicas dos sinais, a seguir, para descobrir qual seu canal mais forte.

Sinais para perceber o mapa mental

Os sinais relacionados a seguir estão baseados em características muito fortes dos canais visual, auditivo e sinestésico. Quem possui equilíbrio nos três canais vai perceber que se encaixa nas três descrições.

O PORTE FÍSICO

O porte físico do ser visual é simétrico. Ele cuida da harmonia do corpo. Cuida-se para não ficar com barriga; gosta de cuidar dos cabelos e do corpo. É vaidoso. Ele cuida de si mesmo porque gosta. Gosta de admirar-se no espelho.

Já o auditivo se cuida em função dos outros. É preciso ter uma boa aparência porque a sociedade valoriza a aparência.

O sinestésico, por sua vez, não está nem aí para a aparência ou para o que os outros acham. A barriga grande não o incomoda. Ele quer é gozar a vida, comer bem, divertir-se.

O VESTUÁRIO

O visual esmera-se ao vestir-se; combina todas as peças do traje. Gosta de vestir roupas coloridas. É vaidoso. Gasta dinheiro em roupas. Veste-se bem porque gosta. Ele mesmo gosta de comprar as roupas.

O auditivo veste-se bem por causa dos outros, do ambiente em que trabalha ou que frequenta. Gosta da opinião de alguém antes de comprar.

O sinestésico não está nem aí para a roupa. Prefere roupas folgadas. Não se preocupa com a opinião dos outros. Se a ocasião exigir uma roupa mais formal, ele até usa, só que de forma confortável (gravata com o colarinho aberto, sapato de salto não tão alto).

Até no churrasco da família no final da semana é fácil perceber o estilo de cada um. O visual estará com roupas de marca, combinando com o sapato ou com o tênis, estes também de marca. O auditivo não se preocupa muito em combinar roupas com tênis ou com sapatos. Já o sinestésico estará bem à vontade, sem a mínima preocupação com a sua aparência; podendo até estar de chinelos.

MOVIMENTOS

O visual tem movimentos rápidos; gesticula rápido, anda rápido. É apressado.

O auditivo tem movimentos pausados, estudados. Anda cadenciado. O sinestésico tem movimentos lentos, vagarosos. Anda mais devagar. Parece que tem cola no sapato.

SONS

O visual fala alto, rápido e quase cantando. O auditivo fala pausadamente, dando ênfase às palavras. O sinestésico fala mais devagar, lentamente, esticando as sílabas.

Exemplificando: o presidente de uma instituição pediu-me que entrasse em contato telefônico com o dr. Miguel, convidando-o para participar, como jurado, de um concurso de marketing.

"Já o convidei três vezes e ele não quis vir."

"Mas, presidente, se o senhor, que é presidente e é amigo dele já o convidou três vezes e ele não quis vir, o senhor quer que eu, que não o conheço, o convença a vir, e pelo telefone?"

"Tente, você tem facilidade para essas coisas."

"Bem, se o senhor manda, vamos tentar."

Liguei. Dr. Miguel atendeu.

"Pois não, Miguel falando." (voz alta e rápida).

Eu, também, com voz alta e rápida: "Dr. Miguel, é o Cortez, da ADID."

Ele com voz alta e rápida: "De novo a ADID; se for sobre o evento de marketing já disse que não vou."

Eu, falando alto e rápido: "Sim, Dr. Miguel, é sobre o evento. É importante que o senhor venha. Dr. Raul vem, gostaríamos que o senhor viesse também. Pense bem, amanhã às dez horas ligarei novamente."

Ele desligou o telefone na minha cara. Quando fez isso, confirmou-me que era visual. O visual não gosta de delongas. Não gosta de muita explicação. Como diz o ditado popular: é curto e grosso. Falou o que tinha de falar, pronto. Muitas vezes confunde-se o visual com uma pessoa grossa, sem educação. Não é bem isso. Ele simplesmente não gosta de enrolar, de florear. No outro dia, às dez horas, liguei para o dr. Miguel.

"Pois não, Miguel falando." (voz alta e rápida).

Eu, também com voz alta e rápida: "Dr. Miguel, é o Cortez da ADID, e aí, pensou? Vem ou não vem?"

Ele: "Tá, fala que eu vou." E foi.

Por que ele foi?

Porque eu consegui sintonizar minha mente com a dele falando alto e rápido como ele. Se eu tivesse falado lentamente, ele não teria processado e não teria ido.

Dos três tipos, quem é o melhor cliente?

Certamente é o visual, porque, como cliente, não enrola; fala o que acha, não o que você gostaria de ouvir. Trata você com frieza, é grosso, mas na hora de decidir, de comprar, vai lembrar-se de você, se você foi um bom profissional, se foi persistente e não ligou para suas grosserias.

O auditivo é político, floreia e empurra a decisão com a barriga; é agradável, mas costuma fazer o vendedor perder tempo, afirma com convicção que vai comprar de você, mas logo que você sai, liga para o concorrente para fazer pesquisa e compra do concorrente, se achar preço melhor.

O sinestésico, então, torna-se um grande amigo do vendedor, mas comprar mesmo, que é bom, nada. Se compra, compra pela amizade, mas demora muito tempo para decidir. O auditivo compra depois de fazer muita pesquisa, e o visual compra quando realmente precisa e do vendedor no qual confia.

ATITUDES

Como foi citado no exemplo acima, o visual não enrola, não floreia, vai direto ao assunto, fala o que tem de falar, não se preocupa em agradar, por isso aparenta ser frio e grosso. Muita gente o confunde com uma pessoa sem educação. Não é. É seu jeito de ser. Não toma tempo do vendedor. O auditivo é político, procura ser agradável, diz coisas como "meu querido, minha querida, minha linda", para todo mundo. Na realidade, está preocupado com ele, com sua imagem, enquanto o visual estaria preocupado com o objeto do assunto. Em vendas, procura ser amável com todos os vendedores. Diz para todos que podem ficar tranquilos, mas, sem se comprometer, faz suas pesquisas de preço. O sinestésico, por sua vez, é natural, amigo; o foco da conversa é a pessoa, preocupa-se com ela. Em vendas, procura demonstrar amizade. Tem muito assunto. Gosta de esticar a conversa, porém o fechamento da venda fica para depois. O vendedor inexperiente pensa que é um cliente certo, mas, na realidade, pode estar perdendo tempo.

É sempre assim?

Volto a dizer que não. Devemos nos lembrar que o outro, seja cliente ou não, trabalha com os três mapas. Normalmente, uma das representações é mais forte. É preciso, na comunicação, perceber qual é a representação mais forte do outro naquele momento. Por isso, a percepção é a característica mais importante do comunicador, depois da crença.

E se o outro trabalha igualmente com os três mapas?

Nesse caso é fácil relacionar-se com essa pessoa. É uma pessoa serena, equilibrada, calma, ponderada e agradável. Como cliente, é o melhor possível.

É por isso que o melhor vendedor é aquele que tem mais equilíbrio entre os três mapas?

Perfeitamente. Quando tem esse equilíbrio, relaciona-se melhor e vende com mais facilidade. Por isso, é importante que o vendedor, ou qualquer pessoa, descubra em qual tipo de mapa mental tem mais dificuldade, para trabalhá-lo e melhorá-lo.

FORMAS DE COMUNICAÇÃO

Pela forma de falar é fácil perceber se o outro é mais visual, auditivo ou sinestésico.

O visual utiliza-se de ideias referentes à visão; o auditivo utiliza-se de ideias referentes a sons; e o sinestésico utiliza-se de ideias referentes a sensações. O visual descreve pormenores, *slides* do fato; o auditivo descreve a parte lógica e técnica do fato; enquanto o sinestésico descreve a sensação que o fato causou.

Pode dar um exemplo?

Imagine uma pessoa narrando a cena de um mesmo desastre de carro.

O visual diz: "Eu vi uma batida feia de dois carros: uma Parati vermelha e um Vectra preto. A Parati era de São Bernardo, tinha a placa XXX1111; o Vectra era de São Paulo, placa WWW222. Dentro da Parati havia três pessoas; e no Vectra havia duas pessoas. Então, eu vi a ambulância chegando, e fui embora." O auditivo não sabe a cor e muito menos a placa dos carros, mas sabe quem foi culpado. Sabe a parte lógica do desastre: "Gente, quando eu vinha para cá, escutei um barulho forte; eram dois carros que bateram de frente. O motorista de um dos carros, acho que uma Parati, foi o culpado, no mínimo devia estar bêbado, pois entrou na contramão naquele farol da rua Z e pegou o outro carro de frente; acabou com a frente do outro carro. Dentro do segundo carro tinha uma criança chorando. Graças a Deus escutei a sirene da ambulância chegando, aí eu fui embora. O sinestésico, por sua vez, não sabe a marca dos carros; não sabe como foi o desastre, só sabe que foi horrível: "Gente, que horrível! Dois carros bateram de frente. Um dos motoristas estava caído em cima da direção. Escutei o choro de uma criança, devia estar muito machucada. Ainda estou traumatizado. Que cena triste!"

PALAVRAS

Ao prestar atenção nas palavras, podemos identificar se a pessoa está no canal visual, auditivo ou sinestésico. O visual emprega palavras relacionadas a imagens para expressar suas ideias; o auditivo faz uso de palavras relacionadas a sons; e o sinestésico utiliza-se de palavras referentes a sentimentos e sensações.

Pode citar alguns exemplos de palavras?

Certamente.

– Palavras do visual: olha, observa, revela, maravilha, iluminado, brilhante, claro, escuro, notadamente, amostra, figura, aparência etc.

– Palavras do auditivo: escuta, sons, harmonia, silêncio, barulho, ruído, som alto, som baixo, vibração, falar, dizer, ouvir, música, afinado, surdo etc.

– Palavras do sinestésico: sentir, sofrer, sentido, sofrido, apertado, horrível, seguro, amado, querido, duro, mole, gostoso, sabor, gostar, experimentar, controlado, prazeroso etc.

Pode dar um exemplo?

Veja o seguinte exemplo. Eu estava na casa da minha irmã, na cozinha. Meu sobrinho estava na sala, assistindo televisão. O som estava muito alto. Minha irmã falou alto para que meu sobrinho ouvisse:

"Filho, abaixe o som da televisão, está muito alto." Nada. Ele não abaixou. Ela:

"Filho, já falei, abaixe o som, está muito alto." Nada. Ele não abaixou. De novo, minha irmã, falando comigo:

"No nosso tempo, os pais falavam uma só vez, os filhos obedeciam. Agora, não obedecem; só mesmo dando umas palmadas. Filho, abaixe já essa televisão, senão vou aí e lhe dou uns tapas."

Nada. Ele não abaixou. Minha irmã, já nervosa: "Vou bater nesse menino, para ele aprender."

Eu olhei na sala e meu sobrinho estava assistindo desenho animado de olhos fixos, no canal mental visual. O visual quase não pisca para não perder a imagem. Então, eu disse para a minha irmã:

"Mana, fale o seguinte: 'Filho, veja a televisão, veja, o som está alto, abaixe um pouquinho.'

E ela: "Para quê? Já falei, não adianta."

"Fale para ele", e repeti, "Veja a televisão, veja o som, está alto."

Ela não estava entendendo: "Não adianta, já falei três vezes."

Eu insisti: "Fale."

Ela respondeu: "Também não precisa ficar nervoso!"

Eu disse: "Está bem, mas então fale."

Ela concordou: "Filho, veja a televisão..."

Ele: "O quê, mãe?"

Ela repetiu: "Filho, o som está alto, abaixe um pouquinho." Ele se levantou e abaixou o som.

Sua irmã estava falando como auditiva e seu sobrinho estava ligado no canal visual.

Perfeitamente. Som alto, som baixo, abaixe o som. Meu sobrinho não processava. O som entrava e saia do ouvido sem processamento. Quando ela falou como visual, o cérebro do meu sobrinho processou. É mais ou menos como alguém querer assistir um programa da TV Globo com a televisão ligada no SBT. Para comunicar-se corretamente, é preciso sintonizar o canal correto.

Agora entendo porque, muitas vezes, falo com minha esposa e ela nem me ouve, pois está vendo a novela preferida.

Ou você está vendo o jogo do seu time preferido, ela fala, e você não presta atenção. O mesmo acontece quando você está falando com uma pessoa e percebe que ela não está prestando atenção.

Isso acontece comigo. Estou falando com uma pessoa. Outra pessoa começa a falar e ela me deixa falando sozinho e passa a prestar atenção no que o outro está dizendo.

OLHOS

Os olhos, como já dissemos, são o espelho da alma. Pelos olhos podemos saber se uma pessoa está alegre ou triste, segura ou insegura, confiante ou não. Pelos olhos também podemos saber se a pessoa é visual, auditiva ou sinestésica. O visual procura uma resposta voltando as pupilas dos olhos para cima, o auditivo mexe os olhos para os lados, e o sinestésico olha para baixo, à direita.

Quando se faz uma pergunta, como por exemplo, "Você cria coelhos?" a pessoa vai procurar coelho no seu registro mental: pato, vaca, porco, cobra, galinha, cavalo, cachorro, até encontrar coelho; depois procura o verbo criar: pôr, tirar, chutar, gritar, comer, bater, até encontrar o verbo criar; somente então ela dá a resposta. Nesse processo de procura, faz movimentos com os olhos. O visual olha para cima, como se a gaveta do arquivo estivesse mais no alto; o auditivo olha para os lados, como se a gaveta estivesse de lado; e o sinestésico olha para baixo, como se a gaveta estivesse embaixo, à direita. É um movimento rápido e quase imperceptível. É preciso prestar muita atenção para percebê-lo.

Pelos olhos dá para saber se a pessoa está falando a verdade ou se está "construindo" uma resposta?

Perfeitamente. Quando olha para a esquerda, a pessoa faz uma pesquisa no arquivo mental para localizar a coisa solicitada. Essa coisa poderá estar, digamos assim, numa das três gavetas do arquivo mental; na de cima, visual; na do meio, auditivo; ou, na de baixo, sinestésico. Ao encontrá-la, a pessoa verbaliza a resposta. Caso não a encontre, volta os olhos para a direita para que o cérebro crie uma resposta. Nesse caso, ficará claro que aquela tal coisa não existe, está sendo criada nesse momento.

Pode dar um exemplo?

Antônio chega tarde em casa. A esposa pergunta:

"Por que chegou tão tarde?"

Ele responde: "O chefe me deu um trabalho importante para fazer e tinha de entregar hoje, sem falta. Quando terminei o trabalho e olhei no relógio, me assustei, eram 22h40. Não liguei porque nem tinha percebido que era tão tarde."

Enquanto ele fala, seus olhos estão voltados para a direita. Ele está inventando.

Alfredo chega às 21h na casa de Flávia, sua namorada. É uma sexta-feira. Ela o estava esperando para ir ao cinema, como haviam combinado. A sessão era às 19h20. Ela diz, nervosa:

"Alfredo, o que foi que aconteceu?"

Ele responde, olhando para a direita: "Desculpe, amorzinho, é que o Geraldo passou na empresa e me chamou para tomar uma cerveja. Você sabe, uma cerveja, mais outra cerveja, o tempo passou e nem percebi. Quando vi, já eram 20h."

Flávia percebeu que ele, enquanto falava, estava com os olhos voltados para a direita. Certamente, não foi o Geraldo, poderia ter sido a Geralda.

Sabendo disso, fica fácil perceber quem está mentindo?

Nem sempre. No caso do sinestésico, sim, é fácil perceber quando ele está mentindo, porque ele é momento, é sensação. Ele fala com sentimento, então dá para perceber quando está mentindo, porque fica corado, gagueja, franze a testa, o nariz. No caso do visual também se percebe com mais facilidade, porque ele fala sem pensar; depois que falou é que percebe a burrada que fez, aí fica vermelho, mas já é tarde. Agora, o mestre em mentira é o auditivo, porque ele é lógico, racional, até na mentira. Antes de falar, ele faz uma consulta interna para verificar a lógica da resposta. Antes de responder, volta o olhar para a esquerda, para baixo, para fazer uma consulta interna e verificar se é a melhor resposta.

O sinestésico também olha para os lados?

Não. O sinestésico, como é sensação, vive e sente o presente. Não dá para sentir o passado. Então, o sinestésico só tem uma posição do olhar, para baixo à direita. Quando você está conversando com um sinestésico, muito sinestésico, ele olha frequentemente para baixo, podendo dar a impressão de que está com sono ou desligado. Pode até acontecer que, numa conferência, por exemplo, se for pouco auditivo, ele venha a desligar-se e a cochilar.

Deixe-me ver se entendi bem. O visual pisca pouco, olha quase fixamente e tem três posições de olhos, uma para cima e duas para os lados e para cima. O auditivo pisca normalmente e também tem três posições, duas para os lados e uma para baixo, à esquerda. O sinestésico pisca lentamente e olha só para baixo, à direita.

Certo. Aprendendo a ler os olhos, a pessoa passa a conhecer e a entender melhor os outros, facilitando, em muito, o relacionamento entre elas.

CONTEXTO

Pelo contexto fica fácil distinguir quem é visual, auditivo e sinestésico. Ao entrar numa sala, numa casa ou num escritório, se a organização é total, mesa, cadeiras, quadros, é sinal de que o ocupante é visual; se, porém, a organização é parcial, mais voltada para o trabalho, por exemplo, se a mesa está organizada, mas as cadeiras ou os quadros na parede não estão, é sinal de que o ocupante é auditivo; se tudo estiver fora de ordem, a dica é de que a pessoa é sinestésica.

Desse jeito parece que somos todos iguais a máquinas?

Sim, parece, mas com pessoas que têm mapa mental muito forte. A maioria das pessoas trabalha com mapas mentais

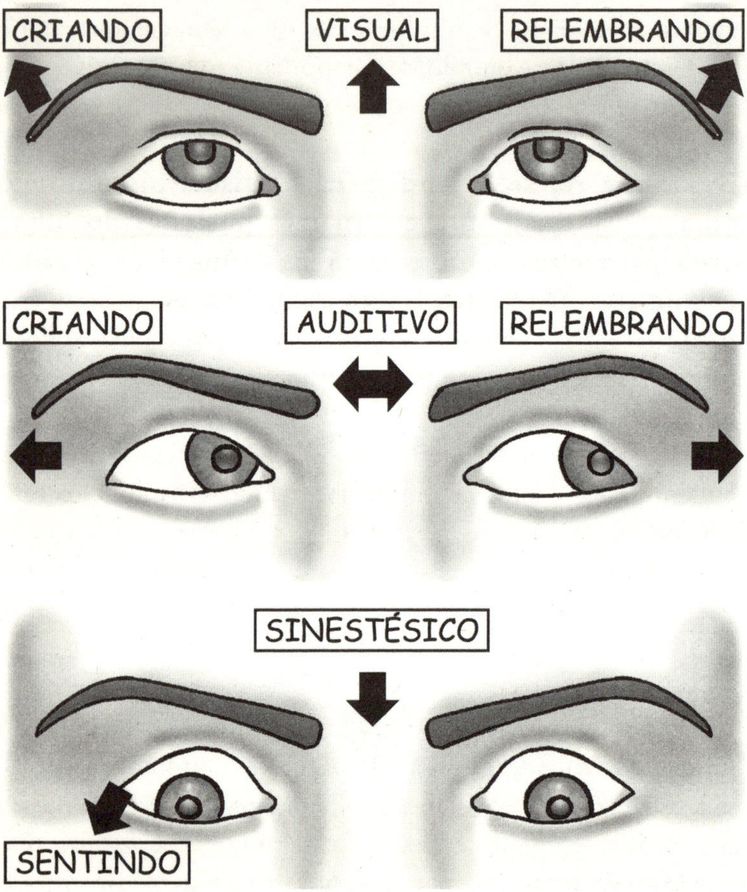

Ao procurar uma resposta no arquivo mental, o visual movimenta os olhos para cima; o auditivo movimenta os olhos para o lado esquerdo e o sinestésico para baixo, para o lado direito.

diferentes, mais acentuados e menos acentuados, às vezes até equilibrados. Normalmente, a pessoa trabalha com dois mais fortes e um mais fraco.

Pode dar um exemplo?

Posso. Imagine uma pessoa muito visual e sinestésica e pouco auditiva. Ela é capaz de cuidar da aparência da casa e deixar a sujeira debaixo do tapete. Ela é organizada com aquilo que os outros possam ver e desorganizada com aquilo que só ela vê. Uma pessoa muito visual e auditiva e pouco sinestésica gosta da casa arrumada e limpa, mas não gosta de quadros na parede porque dão trabalho para limpar e ela gosta de facilidade e de conforto.

E uma pessoa igualmente visual, auditiva e sinestésica?

É o ideal. Todos nós devemos nos preocupar em ser assim. Essa é uma pessoa equilibrada, serena, ponderada, que se dá bem com todos. É o líder por natureza.

Por isso que precisamos conhecer nosso ponto mais fraco?

Sim. Conhecendo seu mapa mental mais fraco você pode desenvolvê-lo e chegar ao equilíbrio.

Isso é o mais importante?

É importante; entretanto, o mais importante ainda é descobrir o ponto forte do outro, para agradá-lo e criar empatia com ele. Por isso é bom observar os sinais das características de cada um.

TOQUES

O visual não gosta de toques. O namorado visual não gosta de ficar abraçado com a namorada, não gosta de muitos beijos. Sua maneira de demonstrar amor é dando presentes. Já o auditivo aceita toques, mas sem exagero. Sua maneira de demonstrar afeto é conversando e trocando ideias. Ele não namoraria, por exemplo, uma pessoa sem conteúdo intelectual.

O sinestésico gosta de tocar. Sua maneira de trocar afeto é abraçando e beijando.

Como cumprimentar cada um?

O visual precisa ver o outro da cabeça aos pés, portanto cumprimenta à distância. Se der a mão, o braço vai estar esticado, ou vai apenas dar a ponta dos dedos. Não porque seja efeminado, mas porque é visual; ao ser cumprimentado, um visual pode dar um passo para trás, como para dizer "não se aproxime". Tocar num visual, abraçar um visual, segurá-lo ou mesmo apertar e balançar sua mão é criar antipatia na certa.

E como cumprimentar o auditivo?

O auditivo, como é uma pessoa, antes de tudo, racional e lógica, deve ser cumprimentado como manda a tradição, o costume. Aqui no Brasil o costume é dar a mão. Então se deve dar a mão, mas sem efusão, normal, aquele cumprimento oficial. Se não der a mão, poderá achá-lo muito frio e distante, não haverá empatia. Se cumprimentá-lo com muita efusão, apertando e balançando as mãos, ele poderá considerá-lo muito pegajoso.

O sinestésico, então, deve ser cumprimentado com efusão, como se fosse um amigão.

Isso. Ele vai pensar: Que cara legal, nem me conhece e já me trata como amigo.

REAÇÕES

O visual vê as coisas como se fossem propriedades suas. A posição que ocupa também é propriedade sua, precisa ser respeitada. Exemplo: o chefe visual deu um trabalho para você fazer. Quando for entregar o trabalho, ele vai fingir que está ocupado. Fique na porta esperando até que ele lhe dê um sinal para que se aproxime. Ao aproximar-se, fale pouco, apenas diga que trouxe o trabalho para ele ver, deixe o trabalho e vá embora. Se ele quiser ver o trabalho, vai mandar você esperar. Fique esperando e não sente sem que ele mande. Caso contrário, vá embora que ele o chamará depois. Quando o chamar para ver o trabalho, certamente vai corrigir uma ou outra palavra ou apenas trocá-las de lugar, só para dizer que o trabalho é dele também. O importante para o chefe visual é que você reconheça sua posição, ele é o chefe. Por isso seu relacionamento é frio. Quando for falar do trabalho, dê enfoque à beleza, às cores, à organização; mostre como o trabalho vai chamar a atenção.

O chefe auditivo é diferente. Quando for entregar o trabalho e entrar na sala, ele estará receptivo. Pode entrar direto, falando da lógica que utilizou no trabalho. Pode explicar, que ele vai ouvir. Se estiver ocupado, vai pedir-lhe que volte depois. Se achar que o trabalho está benfeito, com princípio, meio e fim, com lógica e com português correto, vai reconhecer e parabenizá-lo, sem inventar correções.

E o sinestésico?

O importante para o sinestésico é a pessoa. Ao entrar na sala, ele já lhe dá atenção. Entre, sente-se, coloque o trabalho na mesa e deixe. Não fale do trabalho, fale de outras coisas, mais pessoais. Depois vá embora. Após algum tempo, ele vai perguntar sobre o trabalho. Diga que já o deixou sobre a mesa dele. Ele então vai procurá-lo entre os seus papéis e quando o achar vai chamá-lo. Quando for falar do trabalho, diga como as pessoas vão gostar, como vai fazer bem para todos, como vai agradar.

Então, se uma pessoa tem três chefes com mapas mentais diferentes, tem de agir de três maneiras diferentes?

Sim. Agindo assim ela vai agradar aos três. Os três vão querer promovê-la, e se um dos três tem de mandá-la embora, os outros dois irão mantê-la na empresa.

E qual a outra maneira de criar empatia?

Outra maneira de criar empatia com alguém é espelhar suas atitudes.

Como assim? Espelhar suas atitudes?

Muitas vezes, é difícil perceber o mapa mental da outra pessoa, nesse caso pode-se aplicar as técnicas do espelhamento para conseguir criar empatia.

Espelhamento

Existem algumas técnicas para criar empatia com a outra pessoa, sem precisar conhecer seu mapa mental. São técnicas simples, até meio infantis, porém funcionam. É bom ser São Tomé, não acreditar, mas fazer algumas vezes para testar, nem que seja para dizer depois que não funcionam. Mas a experiência tem demonstrado que, quando se experimenta com seriedade, fica-se abismado com o resultado. Espelhar é fazer a mesma coisa que o outro, de modo sutil, para que ele não perceba. Por exemplo, pode-se espelhar os gestos da pessoa sem que ela perceba. Pode-se espelhar a respiração da pessoa, a entonação de voz da pessoa.

E se a pessoa perceber?

Se a pessoa perceber, dá-se o efeito contrário. Ela pode ficar nervosa. Em vez de simpatia pode-se criar antipatia. Por isso o espelhamento deve ser sutil. Devem-se tomar alguns cuidados, como não espelhar todos os gestos; escolher uns três gestos mais repetidos pela pessoa; não espelhar ao mesmo tempo; fazer o espelhamento quando a pessoa não estiver muito atenta.

Explique melhor esse negócio de espelhar os gestos.

O espelhamento de gestos é simples. Trata-se de repetir os gestos, as posturas da outra pessoa, sem que ela perceba. Como foi dito, a repetição do gesto tem de ser sutil. A pessoa não pode perceber, senão faz o efeito contrário.

Que efeito contrário?

O objetivo do espelhamento é criar sintonia positiva com a pessoa, criar empatia. Se a pessoa perceber, em vez de criar empatia, vai criar antipatia.

Funciona mesmo?

Seja São Tomé. Não acredite, mas faça para testar. Não há milagres, mas o número de coincidências é tão grande, que a gente fica obrigado a acreditar. Não custa. Faça a experiência.

Aliás, o resultado não é o que mais interessa, o que interessa mesmo é você obrigar seu cérebro a processar de forma diferente, a criar caminhos diferentes, a procurar soluções aparentemente impossíveis.

E a respiração, como fazer?

O espelhamento por respiração tem também o nome de calibragem. Assim como se calibram pneus para que o carro fique mais estável, calibrando a outra pessoa pela respiração, ela fica, digamos assim, mais estável com você. Calibrar é inspirar juntamente com a outra pessoa. Fazendo isso umas seis vezes, já se percebe o resultado, que é impressionante. A pessoa muda com você, começa a lhe dar mais importância.

É difícil acreditar nisso.

É mesmo. Eu também não acreditava, mas, como sou São Tomé, quis fazer para ver e vi. Hoje, acredito e testemunho que funciona. Seja São Tomé também. Não acredite, mas faça para ver o que acontece. É tão interessante que alguns denominam isso de embruxamento. Repare como dois namorados apaixonados estão sempre calibrados.

Não deve ser fácil perceber a hora que o outro inspira.

Não é mesmo. Mas tudo é questão de treino.

Quando e como treinar?

Pode-se treinar com o esposo ou a esposa, com os filhos, com a sogra. Pode-se treinar mesmo com a outra pessoa dormindo. Se o marido está nervoso durante o dia, durante a noite, quando estiver dormindo, pode-se fazer a calibragem de respiração, com ele. Pode-se fazer a mesma coisa com o filho que está muito agitado. Pode-se treinar durante as refeições, com as pessoas da mesa ou numa reunião, com os colegas. O importante é tentar sempre. Com a prática fica mais fácil. É como aprender a andar de bicicleta, só se consegue depois de algumas tentativas.

A calibragem pode ser feita por telefone?

Perfeitamente. Por telefone é mais fácil perceber a respiração do outro. O resultado é altamente positivo. Profissionais do telemarketing tiram alto proveito dessa técnica.

Que outros tipos de espelhamento podem ser feitos por telefone?

O espelhamento de sons. Se a pessoa fala alto e rápido, deve-se falar alto e rápido também; se fala pausadamente e com ênfase, deve-se falar também pausadamente e com ênfase; se fala lentamente, deve-se falar lentamente também. Essa técnica é bastante utilizada com equipes de telemarketing, e o resultado é notável.

Outro espelhamento utilizado, com excelente resultado, é o de palavras.

Espelhamento de palavras?

Se a pessoa utiliza-se de palavras visuais, como ver, notar, enxergar, imagem, cores etc., o atendente deve usar também palavras visuais. Se a pessoa utilizar palavras auditivas, como ouvir, escutar, som, música, harmonia, sintonia etc., o atendente deve utilizar se também de palavras auditivas. Se a pessoa utilizar palavras sinestésicas, ou seja, de sentimento e sensação, devem-se usar também palavras sinestésicas, como sentir, gostar, experimentar, apertar etc. Se a pessoa costuma repetir alguma palavra várias vezes, por exemplo, "legal", deve-se utilizar essa palavra também.

Resumindo, seja São Tomé, não acredite em nada disso, mas faça para ver. É melhor quem não acredita e experimenta do que aquele que acredita e não experimenta.

Acho tudo isso muito esquisito.

É. Aparentemente não tem lógica. Mas não importa a explicação, o que importa mesmo é que funciona. Se as pessoas fizessem somente o que tem explicação, o mundo não seria hoje o que é. O mais importante de tudo é treinar o cérebro a procurar e desenvolver alternativas aparentemente sem lógica. Só lhe restam duas alternativas: ser São Tomé, não acreditar, mas experimentar, ou não ser São Tomé, acreditar, mas não experimentar. Muitos fazem uma ou outra experiência, não se sentem bem, sentem-se artificiais, pouco naturais e por isso desistem. É a prática que leva a resultados. Com a prática continuada, o número de coincidências vai aumentando, a pessoa passa a fazer disso um hábito, fica mais segura e confiante, passa a acreditar mais em si mesma e começa a ter mais sucesso.

E o que mais se pode espelhar?

Tudo. O movimento dos olhos, o sentimento.

Algum exemplo que aconteceu com você?

Vários. Tem aquele do dr. Miguel, que não queria participar do *top* de marketing. Lembra-se? Tem um outro exemplo recente. Eu estava ministrando um curso de telemarketing numa empresa, e estava justamente treinando isso. Uma das participantes, que por sinal era a que apresentava o melhor resultado, questionou-me:

"Professor, eu vendo muito bem no Sul, mas tenho dificuldades de vender no Nordeste, por quê?"

"É fácil!", respondi. "Você tem origem sulista e ainda tem um pouco de sotaque do Sul. Quando for falar com os nortistas, procure imitar o sotaque deles."

Como ela tinha bom ouvido e, portanto, facilidade para imitar sotaques, deu plenamente certo. Começou a vender mais para o pessoal do norte. Suas vendas multiplicaram-se.

Parece simples demais.

E é simples demais, nós é que complicamos. O Universo coloca-nos nas mãos uma infinidade de instrumentos, mas utilizamos somente aqueles que o contexto da nossa vida nos ensinou. Para crescer e ter mais sucesso é preciso quebrar paradigmas e criar novas ferramentas de vida; quanto mais simples, melhor.

É. Pelo visto é preciso estar sempre atento para chegar à *performance* ideal.

8

Em busca da *performance* ideal

A cada dia, precisamos crescer um pouquinho como pessoa para não corrermos o risco de ter, aos 80 anos, a mesma estrutura interna e os mesmos valores que tínhamos aos 20 anos.

Performance

Performance é a maneira atual de ser, de fazer, de agir, de falar e de sentir, dentro de um contexto social de validade. A pessoa pode ter uma atitude de total aprovação ou de parcial aprovação no seu contexto social.

O que vem a ser *performance* atual e *performance* ideal?

Performance atual é a maneira de você ser avaliado em suas ações e atitudes, aqui e agora, com base em valores sociais preestabelecidos como ruim, regular, bom, ótimo.

E *performance* ideal?

A *performance* ideal independe da avaliação social. É a maneira de você ser e agir com base em princípios de excelência. Eu faço o melhor porque eu posso fazer o melhor, não porque outros possam ver ou julgar. A *performance* ideal não pressupõe graus de avaliação ruim, regular, bom.

Estou confuso. Explique melhor.

Vamos ver alguns exemplos para melhorar seu entendimento. Imagine uma secretária cujo chefe pediu para tirar cópias de um documento. Ela pergunta quantas cópias deve tirar; se é para tirar frente e verso; tamanho normal ou reduzido; onde deve entregar as cópias e o original. Verifica a programação da copiadora. Tira uma cópia para verificar se ficou boa. Programa a máquina para tirar o número correto de cópias. Coloca as cópias em ordem e as leva ao destinatário.

Entendi. Essa é uma secretária com *performance* ideal?

Ainda não. Isso toda boa secretária deve fazer.

Caramba! O que precisa mais?

A secretária de *performance* ideal pensa no próximo que virá tirar cópias e preocupa-se em deixar a máquina preparada para ele. Verifica se ficou papel em quantidade suficiente na bandeja; caso a quantidade seja pouca, ela coloca mais.

Não basta fazer o que é exigido, é preciso fazer algo mais para facilitar o desempenho do próximo, é isso?

O seu dever termina com o início do dever do outro. Fazendo o melhor possível você estará fazendo o seu marketing pessoal, porque o outro dirá ou pensará: Graças a Deus que eu trabalho com fulano, ele é demais.

Vejo que preciso rever meu marketing pessoal. Tem outros exemplos?

Quando está calor e você quer tomar água gelada, como faz?

Simples. Pego a garrafa de água na geladeira e tomo a água gelada.

Pois é. A pessoa de *performance* ideal faz um pouco mais. Depois de tomar a água, ela repõe a água na garrafa e a coloca de volta na geladeira para que, quando outro vier tomar, a água esteja gelada e em quantidade suficiente.

Pois é, vivendo e aprendendo.

Se quando você vai tomar banho, o ralo do banheiro está cheio de cabelo, isso quer dizer que quem tomou banho antes de você não tinha *performance* ideal.

O frasco de xampu destampado, o sabonete nadando na saboneteira...

O suporte de papel higiênico com pouco papel, a toalha molhada fora do cabide, o sapato fora da sapateira...

Entendi. *Performance* ideal é fazer sempre o melhor, é fazer o certo da primeira vez, simplesmente porque é o certo, de tal forma que ninguém possa reclamar ou ser prejudicado porque eu não fiz a minha parte corretamente.

Marketing pessoal é isso. É não dar margem para crítica ou autocrítica.

É ser um perfeccionista?

Não. É ser um observador e um eterno aprendiz. Marketing pessoal é saber que foi você, criado perfeito, que perdeu essa perfeição; é querer recuperá-la; é saber que tem uma inteligência para descobrir a maneira certa de fazer as coisas, uma vontade que não o deixa desistir, um livre-arbítrio que lhe dá autoridade e responsabilidade pelos seus atos, um pensamento forte que lhe dá um poder criador, através do qual você tudo pode; é saber que você tem uma missão: dar aos outros o exemplo de que tudo é possível e que o segredo para ter sucesso está dentro de cada um.

Resumindo: o sucesso está na cabeça de cada um. Quem acredita faz. Quem faz tem sensação da missão cumprida e é feliz.

É bom lembrar-se de mais uma coisa, o sucesso não está só na cabeça, deve estar nas pernas também. É preciso correr atrás, fazer a sua parte.

Você amanhã

Você só tem três opções na vida para amanhã: ser pior do que é hoje, ser igual ao que é hoje ou ser melhor do que é hoje. Quando envelhecer e não mais conseguir caminhar, ao olhar para trás, só terá duas opções: ficar triste ou alegre. Triste por não ver flores, mas somente espinhos nas trilhas que abriu. Triste por não ver ninguém feliz ao seguir as suas pegadas. Alegre, por ver um caminho lindo, ornamentado com flores por você plantadas e cultivadas. Alegre, por ver milhares de pessoas seguindo felizes as suas pegadas.

Lembre-se: não existe, nunca existiu e nunca vai existir alguém igual a você, nem mesmo com a impressão digital igual à sua. Você é uma obra-prima do Criador, individual, único, colocado aqui e agora para uma linda missão: ser uma luz para aqueles que estão nas trevas poderem enxergar o caminho que conduz ao Amor. Lembre-se de que você não precisa criar a luz; ela já existe em você. Precisa apenas abrir as portas e as janelas para que outros possam vê-la.

Como?

Colocando brilho nos olhos e um sorriso no rosto.

Referências bibliográficas

BANDLER, Richard. *Usando a sua mente*. São Paulo: Summus, 1987.

BANDLER, Richard, GRINDER, John. *Sapos em príncipes*. São Paulo: Summus, 1982.

—. *Ressignificando*. São Paulo: Summus, 1986.

—. *Atravessando*. São Paulo: Summus, 1984.

EPSTEIN, M. *Pensamentos sem pensador*. Rio de Janeiro: Gryphus, 1986.

GOLEMAN, D. *A mente meditativa*. São Paulo: Ática, 1996.

—. *Inteligência emocional*. Rio de Janeiro: Objetiva, 1996.

KERTÉZ, Roberto. *Análise transacional* - Uma nova técnica em psicologia. Porto Alegre: Sulina, 1974.

ROBBINS, Anthony. *Desperte seu gigante interior*. São Paulo: Makron Books, 1991.

ROBERTS, T. B. *Educação e relações transpessoais*. São Paulo: Pensamento, 1996.

SUTICH, A. *Transpersonal psychology*: an emerging force. Journal of Humanistic Psychology, 1, 77-78, 1968.

UNA-AT. Prêmios Eric Berne. Mendes, 1983.

WALSH, R., VAUGHAN, F. (orgs.) *Caminhos além do ego*. São Paulo: Cultrix, 1997.

WALACE, R. K. *Physilological effects of transcendental meditation science*, 1970.